U0145977

阳明心学
七讲

梁启超
著

北京大学出版社
PEKING UNIVERSITY PRESS

图书在版编目（CIP）数据

阳明心学七讲 / 梁启超著 . — 北京：北京大学出
版社，2023.11

ISBN 978-7-301-34420-0

Ⅰ . ①阳… Ⅱ . ①梁… Ⅲ . ①王守仁（1472—1528）
－ 心学－研究 Ⅳ . ① B248.25

中国国家版本馆 CIP 数据核字 (2023) 第 176380 号

书　　　名	阳明心学七讲
	YANGMINGXINXUE QIJIANG
著作责任者	梁启超　著
责 任 编 辑	闵艳芸　李凯华
标 准 书 号	ISBN 978-7-301-34420-0
出 版 发 行	北京大学出版社
地　　　址	北京市海淀区成府路 205 号　100871
网　　　址	http://www.pup.cn　　新浪微博：@ 北京大学出版社
电 子 邮 箱	zpup@pup.cn
电　　　话	邮购部 010-62752015　发行部 010-62750672　编辑部 010-62752824
印 刷 者	北京楠萍印刷有限公司
经 销 者	新华书店
	880 毫米 ×1230 毫米　32 开本　6.375 印张　110 千字
	2023 年 11 月第 1 版　2023 年 11 月第 1 次印刷
定　　　价	58.00 元

编者前言

作为中国近现代历史上如雷贯耳的人物，梁启超身上有太多的标签。

他曾是一名习八股的旧式读书人，一度成为被人嘲笑的"保皇派"；他又是一位变革者，戊戌变法的领袖之一，民国初年的司法总长，护国运动的组织和参与者；他还倡导过"小说界革命"，更亲自操刀写了科幻小说《新中国未来记》。

他是学贯中西的学术大家、"清华四导师"之一，蔡锷、陈独秀、胡适、徐志摩等后学、弟子、门生数不胜数；晚年多种疾病并发，但还是坚持讲演、著述。他说："战士死于沙场，学者死于讲台。"

他还是一位发明家、翻译者，"中华民族""新中国""国民""经济""金融""组织""干部""莎士比亚"等词汇，或是他引进、首倡，或是经他用过之后便发扬光大，流传开来。1902年10月，梁启超在《新民丛报》发表《进化论革命者颉德之学说》，文中说"麦喀士（马克思），日尔曼人，社会主义之泰斗也"，开中国人介绍马克思及其学说之先河。

这么多标签之中，"多变"似乎是其百科全书式人物形象的另一种诠释。政治主张由拥君，到君主立宪，再到虚君共和，再到共和，一变再变。学术上亦是"不惜以今日之我，难昔日之我"，对待国学西学也似乎前后说法不一，为人诟病。但其实，他二十多岁就在《变法通议》中指出："变者天下之公理也……大势相迫，非可阏制。变亦变，不变亦变。"梁启超的思想、身份的新旧转换，正是中国从近代向现代转型的大变革时代的一个缩影。梁启超本人，是研究中国百年现代化的不可多得的一个样本。

今年是梁启超诞辰150周年。斯人远去已近一个世纪，然其生前所面临的、提出的一些问题，仍值得今天的我们关注与探讨，其中最重要的问题就是：在外来文化的巨大冲击和压力之下，如何重新审视我们自身的文化传统并对之进行现代性的转化。

在二十世纪中国新文化运动的高峰期，梁启超站在"全盘西化"与"坚守传统"缠斗的风口浪尖，以中西文化交融的视角、世界主义的眼光与"新民"的宗旨，对中国的传统文化展开了系统梳理和深入研究。梁启超这样表述他学术研究的新思路："拿西洋的文明来扩充我的文明,又拿我的文明去补助西洋的文明,叫他化合起来成一种新文明。"

本系列名为"梁启超经典讲读系列",顾名思义,是从梁启超论述、解读中国传统文化经典的相关著述和演讲中精选相关内容汇编而成,初辑三种,分别为《先秦诸子七讲》《儒家哲学七讲》《阳明心学七讲》。书中语言平白质朴,一代学术巨擘的思考见地,普通人亦可研读意会。

梁启超曾告诫学子说:"青年诸君啊!须知学问的殖民地丰富得很,到处可以容你做哥伦布,只看你有无志气有无耐性罢了。"

愿与读者共勉。

2023年10月

引言

一①

王阳明，浙江余姚人，他在近代学术界中，极其伟大；军事上政治上，亦有很大的勋业。以他的事功而论，若换给别个人，只这一点，已经可以在历史占很重要地位了；阳明这么大的事功，完全为他的学术所掩，变成附属品，其伟大可想而知。阳明的学问，得力于龙场一悟。刘瑾当国，阳明弹劾他，位卑言高，谪贬龙场驿丞。在驿三年，备受艰难困苦，回想到从前所读的书、所做的事，切实体验一番，于是恍然大悟。这种悟法，是否与禅宗参禅有点相类，我们也不必强为辩护，但是他的方法，确能应时代的需要。其时《性理大全》一派，变为迂腐涸敝，把人心弄得暮气沉沉的，大多数

---

① 本节节选自梁启超《儒家哲学》，收入《饮冰室合集·专集》第24册，中华书局1936年版。

士大夫尽管读宋代五子的著作，然不过以为猎取声名利禄的工具，其实心口是不一致的。阳明起来，大刀阔斧地矫正他们，所以能起衰救敝，风靡全国。

阳明的主要学说，即"致良知"与"知行合一"二事。前者为对于《大学》格物致知的问题。朱子讲格物，教人"即凡天下之物，莫不因其已知之理而益穷之，以求至乎其极"这种办法。朱子认为：《大学》所谓"明明德"的张本，从"大学之道"起至"未之有也"止，是经，以下是传。"诚意、正心、修身、齐家、治国、平天下"都有传，唯有"格物致知"无传，文有颠倒断节。朱子替他补上，其学说的要点，即由此出。阳明以为：读古人书，有些地方加添，有些地方补正，这种方法固有价值，但是《大学》这篇，绝对不应如此解释。所以他发表古本，不从朱子改订本。主张格物致知，即是诚意，因为原文说："欲诚其意者，先致其知。"下面又说："故君子必慎其独也。"慎独，即是致知，致知的解释，不是客观的知识，乃孟子所谓"所不虑而知者其良知也"的良知。"致"的意思，是扩充它，诚意功夫如此。拿现在的话解释，就是服从良心的第一命令，很有点像康德的学说，事到临头，良知自能判断。如像杀人，头一念叫你不要做。又像职分上的牺牲，头一念叫你尽管做去。这就是良知；第二念、第三念，便又坏了。或者打算做好事，头一念叫你做去，第二念觉得辛苦，第三念又怕危险，于是歇手不做。这种就是致良知没有透彻。为人做学问，入手第一关键在此。

阳明既然主张致良知，更不能不主张知行合一。如恶恶臭，如好好色；见恶臭是知，恶恶臭是行；见好色是知，好好色是行。知、行两个字，原是一件东西，事到临头，良知自有主宰，善使知善，恶使知恶，丝毫瞒他不得。世未有知而不行的，知而不行，不是真知。如小孩看见火，伸手去摸，成人决不会摸，因为成人知道烫人，小孩不知道烫人。又如桌上放好臭鸭蛋、臭豆腐，不恶恶臭的人吃，恶恶臭的人就不吃。只需你一知道，要吃或不吃，立刻可以决定，这便是知行合一。朱子以为先要致知，然后实行，把做学问的功夫分成两橛。阳明主张，方说一个知，已自有行在；方说一个行，已自有知在，只是一件，决不可分。阳明教人下手方法，与朱子教人下手方法不同。

阳明寿虽不长，但是一面做事，一面讲学，虽当军事倥偬，弦诵仍不绝声，所以门生弟子遍于天下。明中叶后，全国学术界，让阳明一人支配了。王学的昌大，可分两处。一是浙江，是他生长的地方；一是江西，是他宦游的地方。所以阳明门下，可分为浙江及江西两派。前次讲象山生在江西而其学盛于浙江，阳明生在浙江而其学却盛于江西，赣浙文化有密切的关系。传阳明的正统，为江西几位大师，如邹守益号东廓，罗洪先号念庵，欧阳德号南野，颇能代表江西王学。阳明死后，就是这几个人，最得阳明真谛。但是王学的扩充光大，仍靠家乡浙派几位大师，有早年的，有晚年的。最初是徐爱号横山，钱德洪号绪山，他们二人，得阳明正宗。徐早死，《传习录》有一部分是他作的。钱寿较长，其传颇盛。稍后是王畿号龙溪，他是阳明的老门生，年寿最长，阳明的学派的光大自他起，阳明学派的变态亦自他起。当初阳明教人，有四句话："无善无恶心之体，有善有恶意之动，知善知恶是良知，为善去恶是格物。"钱绪山以为这四句是阳明教人定本，王龙溪以为这四句是阳明教人权法，归根结底，性无善无恶，意无善无恶，知无善无恶，物无善无恶。阳明的话，没有多大玄学气味；龙溪的话，玄味很深，无下手处。所以王学末流，与禅宗末流混在一起，读他们的书，可以看出来，并不是阳明真面目。

　　阳明学派，另有几个重要人物，一个是罗汝芳号近溪，一个是王艮号心斋，都于王学有莫大的功劳。世或以王艮与王畿并称二王，或以近溪与龙溪并称二溪。心斋是一个倜傥不羁之士，本传称阳明做巡抚时，会徒讲学，心斋那时三十八岁，跑去见他，分庭抗礼辩难几点钟后，始大折服，执弟子礼。回去想想，似乎尚有不妥处，跑去收回门生帖子，彼此又辩，又折服了，才做阳明的门人。阳明说："吾擒宸濠，一无所动，今为斯人动。此真学圣人者。"心斋言动奇矫，时戴古冠，穿异服，传达先生之道，阳明很骂他几回，但是他始终不改。心斋才气极高，门下尤多奇怪特出之士。何心隐就是一个，本姓梁，改姓何，以一个布衣用种种的方法把严嵩弄倒了，我们不能不佩服他有真本事。阳明死后，最接近的是二王或二溪，但是他们所走的路，与阳明很不一样。结果江西学派虽得正统，但是一传再传，渐渐衰微下去了。

最有力推行王学的，还是浙中派（龙溪）和泰州派（心斋）。在晚明时候，有这样几个人：周汝登号海门，陶望龄号石篑，李贽号卓吾。周、陶变为禅宗，李更狂肆，他们主张"酒色财气，不碍菩提路"，阳明学派愈变愈狂妄，到晚明时，本身起很大的变化，又可分为两派：第一派，参酌程朱学说，纠正末流的偏激，东林二大师顾宪成（泾阳）、高攀龙（景逸）就是代表。他们觉得周、李、陶一派太放肆了，须以朱学补充之，他们的学问仍从王出，带点调和色彩。第二派，根据王学的本身，恢复阳明的真相，刘宗周（蕺山）就是代表。

他排斥二王二溪甚力，专提慎独，代替良知，以为做慎独的功夫，可以去不善而继于至善。顾高以程朱修正王学，蕺山以王学本身恢复王学，主张虽有出入，都不失为阳明的忠臣。

此外因王学末流的离奇，社会上起一种很大的反动，亦可分为两派：第一派，以程朱攻击阳明，与顾、高等不同，陈建（清澜）就是代表。他著一部《学蔀通辨》，一味谩骂，甚觉无聊，自称程朱，实于程朱没有什么研究。有时捏造事实，攻击人身，看去令人讨厌，然在学术史上不能不讲。因为明目张胆攻击王学，总算他有魄力。清初假程朱一派侈言道学，随声附和，用陈建的口吻攻击王学者颇多。第二派，主张读书，带点考证气味，焦竑（澹园）、王世贞（凤洲）、杨慎（升庵）就是代表。他们不唯攻击王学，连宋学根本推翻，周程张朱皆所反对，攻击程朱的话恐怕比阳明还多。几个人学问都很渊博。唯杨升庵较不忠实，造假书，造假话骗人。这一派，因为对于宋元明以来的道学下总攻击，在晚明时，虽看不出有多大力量，但清初至乾隆中叶，极其盛行，旧学风的推翻，新学风的建设，都由他们导引出来。

二①

现代（尤其是中国的现在）学校式的教育，种种缺点，不能为讳。其最显著者，学校变成"智识贩卖所"。办得坏的不用说，就算顶好的吧，只是一间发行智识的"先施公司"。教师是掌柜的，学生是主顾客人。顶好的学生天天以"吃书"为职业。吃上几年，肚子里的书装得像蛊胀一般，便算毕业。毕业以后，对于社会上实际情形不知相去几万里。想要把所学见诸实用，恰与宋儒高谈"井田封建"无异，永远只管说不管做。再讲到修养身心磨炼人格那方面的学问，越发是等于零了。

学校固然不注意，即使注意到，也没有人去教。教的人也没有自己确信的方法来应用，只好把他搁在一边拉倒。青年们稍为有点志气对于自己前途切实打主

---

① 本节节选自梁启超《王阳明知行合一之教》，载《晨报》1926年12月20日至1927年2月12日连载文章。

意的，当然不满意于这种畸形教育。但无法自拔出来，只好自己安慰自己说道："等我把知识的罐头装满了之后，再慢慢地修养身心以及讲求种种社会实务吧。"其实哪里有这回事？就修养方面论，把"可塑性"最强的青年时代白白过了，到毕业出校时，品格已经成型，极难改进。投身到万恶社会中，像洪炉燎毛一般，拢着边便化为灰烬。就实习方面论，在学校里养成空腹高心的习惯，与社会实情格格不入，到底成为一个书呆子，一个高等无业游民完事。

青年们啊，你感觉这种苦痛吗？你发现这种危险吗？我告诉你唯一的救济法门，就是依着王阳明知行合一之教去做。

知行合一是一个"讲学宗旨"。黄梨洲说："大凡学有宗旨，是其人之得力处，亦即学者之入门处。天下之义理无穷，苟非定以一二字，如何约之使其在我？"（《明儒学案·发凡》）所谓"宗旨"者，标举一两个字或一两句话头，包举其学术精神之全部，旗帜鲜明令人一望而知为某学派的特色。正如现代政治运动社会运动之"喊口号"，令群众得个把柄，集中他们的注意力，则成功自易。凡讲学大师标出一个宗旨，他自己必几经试验，痛下苦功，见得真切，终能拈出来，所以说是"其人得力处"。这位大师既已循着这条路成就他的学问，他把自己阅历甘苦指示我们，我们跟着他的路走下去，当然可以事半功倍而得和他相等的结果，所以说是"学者入门处"。这种"口号式"的讲学法，宋代始萌芽，至明代而极成。"知行合一"便是明代第一位大师王阳明先生给我国学术史上留下的最有名而且最有价值的一个口号。

口号之成立及传播，要具备下列各种要素：

（一）语句要简单。令人便于记忆，便于持守，便于宣传。

（二）意义要明确。明，谓显浅，令人一望而了解；确，谓严正，不含糊模棱以生误会。

（三）内容要丰富。在简单的语句里头能容得多方面的解释而且愈追求可以愈深入。

（四）刺激力要强大。令人得着这个口号便能大感动，而且积极地向前奋进。

（五）法门要直捷。依着它实行，便立刻有个下手处。而且不管聪明才力之大小，各各都有个下手处。

无论政治运动、学术运动、文艺运动……凡有力的口号，都要如此。现代学术运动所用口号，还有下列两个消极的要素：

（一）不要含宗教性。因为凡近于迷信的东西，都是足以阻碍我们理性之自发，而且在现代早已失其感动力。

（二）不要带玄学性。因为很玄妙的道理，其真价值如何姑勿论，纵使好极，也不过供极少数人高尚娱乐之具，很难得多数人普遍享用。根据这七个标准来评定中外古今学术之"宗旨"，即学术运动之口号，我以为阳明知行合一这句话，总算最有永久价值而且最适用于现代潮流的了。

阳明所用的口号也不止一个，如"心即理"，如"致良知"，都是他最爱用的，尤其是"致良知"这个口号，他越到晚年叫得越响。此外如"诚意"，如"格物"都是常用的。骤看起来，好像五花八门，应接不暇，其实他的学问是整个的，是一贯的。翻来覆去，说的只是这一件事。所以我们用知行合一这个口号代表他的学术全部，是不会错的，不会遗漏的。

口号须以内容丰富为要素，既如前述。"知行合一"这一句话，望过去像很简单，其实里头所含意义甚复杂、甚深邃，所以先要解剖它的内容。

目 录

心物合一 万物一体

进学则在致知①

知行合一，本来是一种实践的工作，不应该拿来在理上拨弄，用哲学家贪玄的头脑来讨论这个问题，其实不免有违反阳明本意的危险（后来王学末流，失其真想，正犯此弊）。但是凡一个学说所以能成立光大，不能不有极深远极强固的理由在里头。我们想彻底了解知行合一说之何以能颠扑不破，当然不能不推求到他在哲学上的根据。

阳明在哲学上有极高超而且极一贯的理解。他的发明力和组织力，比朱子陆子都强。简单说，他是一位极端的唯心论者，同时又是一位极端的实验主义者。从中国哲学史上看，也一面像禅宗，一面又像颜习斋。从西洋哲学史上看，他一面像英国的巴克黎②，

① 本文节选自梁启超《王阳明知行合一之教》。

② 巴克黎：即乔治·贝克莱（George Berkeley，1685—1753年），英国哲学家，主观唯心主义经验论的主要代表之一，提出"物是观念的集合""存在就是被感知""对象与感觉原是一种东西"等命题。

一面又像美国的詹姆士。表面上像距离很远的两派学说，他能冶为一炉，建设他自己一派极圆融极深切的哲学，真是异事。

阳明的知行合一说，从他的"心理合一说""心物合一说"演绎出来。拿西洋哲学的话头来讲，可以说他是个绝对的一元论者。"一"者何，即"心"是也。他根据这种唯心的一元论，于是把宇宙万有都看成一体，把圣贤多少言语都打成一片，所以他不但说知行合一而已，什么都是合一。孟子说"夫道一而已矣"，他最喜欢引用这句话。

> 梁注："又问：'圣贤言语许多，如何却要打做一个？'曰：'我不是要打做一个，如曰夫道一而已矣，又曰其为物不二则其生物不测，天地圣人皆是一个，如何二得？'"（《传习录》卷下）

他的心理合一说、心物合一说，从解释《大学》引申出来，我们要知道他立论的根源，不能不将《大学》本文仔细解释。《大学》说："欲修其身者先正其心，欲正其心者先诚其意。"这两句话没有什么难解，但下文紧接着说："欲诚其意者先致其知，致知在格物。"这两句却真费解了，诚意是属于志意方面的，致知是属于知识方面的。其间如何能发生密切的联络关系，说欲意志坚强（欲诚其意）先要知识充足（先致其知），这话如何讲得去？朱子添字解经说"格物"是"穷至事物之理"，想借一"理"字来做意与知之间一个联锁。于是"致知在格物"改成"致知在穷理"。格物是否可以作穷理解，另一问题，若单就"致知在格物"一句下解释，则朱子所谓"惟于理有未穷，故其知有不尽也"，原未尝不可以自成片段。所最难通者，为什么想要诚意必先得穷理，理穷之后为什么便会诚。这两件事无论如何总拉不拢来。所以朱子言程子教人有两句重要的话："涵养须用敬，进学则在致知。"上句是诚正的功夫，下句是格致的功夫。换句话说，进学是专属于求知识方面，与身心之修养无关系，两者各自分道扬镳。对于《大学》所谓"欲什么先什么，欲什么先什么"，那种层累一贯的论法，不独理论上说不通，连文义上也说不通了。

心物合一论^①

阳明用孟子"良知"那两个字来解释《大学》的"知"字。良知是"不学而能"的，即主观的"是非之心"。欲诚其意者，必先致其有是非之心的良知，这样一来，诚意与致知确能生出联络关系了。但是"致知在格物"那一句又解不通。如若解格物为"穷至事物之理"，则主观的良知与事物之理又如何能有直接关系呢？欲对于此点得融会贯通，非先了解阳明的心物合一论不可，阳明说：要知身心意知物是一件。问："物在外，如何与身心意知是一件？"答道：

耳目口鼻四肢，身也，非心安能视听言动？心欲视听言动，无耳目口鼻四肢亦不能，故无心则无身，无身则无心。但指其充塞处言之谓之身，指其主宰处言之谓之心，指心之发动处谓之意，指意之灵明处谓

①　本文节选自梁启超《王阳明知行合一之教》。

之知，指意之涉着处谓之物。只是一件，意未有悬空的必着事物……（《传习录》陈九川记）

又说：

身之主宰便是心，心之所发便是意，意之本体便是知，意之所在便是物。（《传习录》徐爱记）

又说：

心者身之主也，而心之虚灵明觉，即所谓本然之良知也。其虚灵明觉之良知感应而动者谓之意，有知而后有意，无知则无意矣，知非意之体乎。意之所用必有其物，物即事也。如意用于事亲，即事亲为一物；意用于治民，即治民为一物；意用于读书，即读书为一物；意用于听讼，即听讼为一物。凡意之所用，无有无物者……（《答顾东桥书》）

又说：

目无体，以万物之色为体；耳无体，以万物之声为体……心无体，以天地万物感应之是非为体。

（《传习录》黄省曾记）

现在请综合以上四段话来下总解释，阳明主张"身心意知物是一件"，这句话要分两步解剖才能说明。第一步从生理心理学上说明身心意知如何会是一件。第二步从论理学上或认识论上说明主观的身心意知和客观的物如何会是一件。

先讲第一步。身与心，骤看起来像是两件，但就生理和心理的关系稍为按实一下，则耳目口鼻四肢非心不能视听言动，心欲视听言动，离却耳目口鼻四肢亦不能，这是极易明之理，一点破便共晓了。心与意的关系，"心之所发便是意"，这是人人所公认，不消下解释。比较难解的是意与知的关系。"意之本体便是知"这句话，是阳明毕生大头脑。他晚年倡"良知是本体"之论，不外从此语演进出来。他所郑重说明的"有知而后有意，无知则无意"这句话，我们试内省心理历程，不容我不首肯，然则知为意的本体亦无可疑了。阳明把生理归纳到心理上，再把心理的动态集中到意上，再追求它的静态，发现出知为本体。于是"身心意知物是一件"的理论完全成立了。

再论第二步。主观的心和客观的物各自独立，这是一般人最易陷的错误。阳明解决这问题，先把物字下广义的解释。所谓物者不专限于有形物质，连抽象的事物如事亲治国读书等凡我们认识的对象都包括在里头，而其普遍的性质是"意之所在"，意之所涉着处。再回头来看心理状态则"意之所在所涉，未有无物者""意不能悬空发动，一发动便涉着到事物"，层层推剥不能不归到"心无体以万物之感应为体"的结论。然则从心理现象观察，主观的心不能离却客观的事物单独存在较然甚明，这是从心的方面看出心物合一。

翻过来从物理上观察，也是得同一的结论。阳明以为"心外无物"（《答王纯甫书》），又说："有是意即有是物，无是意即无是物矣。"（《答顾东桥书》）有人对于他这句话起疑问，他给以极有趣的回答，《传习录》记道：

> 先生游南镇，一友指岩中花树问曰："天下无心外之物，如此花树，在深山中，自开自落，于我心亦何相关。"先生曰："尔未看此花时，此花与尔心同归于寂，尔来看此花时，则此花颜色，一时明白起来，便知此花不在尔的心外。"（黄省曾记）

又说：

我的灵明，便是天地鬼神的主宰。天没有我的
灵明，谁去仰他高；地没有我的灵明，谁去俯他
深；鬼神没有我的灵明，谁去辨他吉凶灾祥。天地
鬼神万物，离却我的灵明，便没有天地鬼神万物
了。我的灵明离却天地鬼神万物，亦没有我的灵
明……今看死的人……他的天地鬼神万物，尚在何
处？（《传习录》黄以方记）

《中庸》说"不诚无物"，《孟子》说"万物皆备
于我"，这些话都是"心外无物论"的先锋，但没有阳
明说的那样明快。他所说"尔未看此花时，此花与尔心
同归于寂"，又说"死的人……他的天地鬼神万物尚
在何处"，真真算得彻底的唯心派论调。这类理论和譬
喻，西洋哲学史上从黑格尔到罗素，打了不少的笔墨官
司。今为避免枝节起见，且不必详细讨论，总之凡不在
我们的意识范围内的物（即阳明所谓意念不涉着者），
最多只能承认它有物理学上数理学上或几何学上的存
在，而不能承认它有伦理学上或认识论上的存在，显然
甚明。

再进一步看，物理学数理学几何学的本身，离却人
类的意识而单独存在吗？断断不能。例如一个等边三角
形，有人说，纵使亘古没有人理会它，它毕竟是个等边

三角。殊不知若亘古没有人理会时，便连"等边三角"这个名词先自不存在，何有于"它"。然则客观的物不能离却主观的心而单独存在，又至易见了。这是从物的方面看出心物合一。

还有应该注意者，阳明所谓物者，不仅限于自然界的物质物形物态，他是取极广义的解释，凡我们意识的对境皆谓之物。所以说意用于事亲即事亲为一物，意用于治民读书听讼等则此等皆为一物。这类物为构成我们意识之主要材料，更属显然。总而言之，有客观方有主观，同时亦有主观方有客观。因为主观的意不涉着到客观的物时，便失其作用，等于不存在。客观的物不为主观的意所涉着时，便失其价值，也等于不存在。心物合一说内容大观如此。

万物一体论①

这种心物合一说在阳明人生哲学上得着一个什么结论呢，得的是"人我一体"的观念，得的是天地万物一体的观念，他说：

> 夫人者天地之心，天地万物，本吾一体者也。
> （《答聂文蔚书》）

又说：

> 大人者，以天地万物为一体者也，其视天下犹一家，中国犹一人焉，若夫间形骸而分尔我者，小人矣。（《大学问》）

这些话怎么讲呢？我们开口说"我"，什么是

---

① 本文节选自梁启超《王阳明知行合一之教》。

"我"？当然不专指七尺之躯，当然是认那为七尺之躯之主宰的心为最要的成分。依阳明看法，心不能单独存在，要靠着有心所对象的"人"，要靠着有心所对象的"天地万物"，把人和天地万物剔开，心便没有对象。没有对象的心，我们到底不能想象它的存在，心不存在，"我"还存在吗？换句话说，人和天地万物便是构成"我"的一部分原料，或者还可以说是唯一的原料，离却他们，我便崩坏。他们有缺憾，我也便有缺憾，所以阳明说：

> 大人之能以天地万物为一体也，非意之也，其心之仁本若是……岂惟大人，虽小人之心亦莫不然。彼顾自小之耳，是故见孺子之入井而必有怵惕恻隐之心焉，是其仁之与孺子为一体也，孺子犹同类者也。见鸟兽之哀鸣觳觫而必有不忍之心焉，是其仁之与鸟兽而为一体也，鸟兽犹有知觉者也。见草木之摧折而必有悯恤之心焉，是其仁之与草木而为一体也，草木犹有生意者也。见瓦石之毁坏而必有顾惜之心焉，是其仁之与瓦石而为一体也……（《大学问》）

梁注：《传习录》卷下有"草木瓦石皆有良知"之说，语颇诞谲。细看《阳明全集》，他处并不见有此说，或者即因大学问此段，门人推论之而失其意义。传习录下卷……尤其是末数页，语多不醇，刘蕺山、黄梨洲已有辨正。

前文所述心物合一说之实在体相，骤看似与西洋之唯心论派或心物平行论派之辩争此问题同一步调。其实不然，儒家道术根本精神，与西洋哲学之以"爱智"为出发点截然不同，虽有时所讨论之问题若极玄妙，儒家归宿实不外以为实践道德之前提，而非如西方哲人借此为理智的娱乐工具。凡治儒家学说者皆当作如是观，尤其治阳明学者更不可以不认清此点也。阳明所以反复说明心物合一之实相，不外欲使人体验出物我一体之真理而实有诸己。他以为人类一切罪恶，皆由"间形骸分尔我"的私见衍生出来，而这种私见，实非我们心体所本有。"如明目之中而翳之以尘沙，聪耳之中而塞之以木楔也，其疾痛郁逆，将必速去之为快，而何能忍于时刻乎。"（《答南元善书》）所以他晚年专提致良知之教，说"见得良知亲切时，其功夫又自不难"（《与黄宗贤书》）。又常说"良知是本体，做学问须从本体得着头脑"（屡见《传习录》及文集）。所谓良知本体者，如目之本明，耳之本聪。若被私见（即分尔我的谬见）隔断玷污时，正如翳目以沙，塞耳以楔。所以只须见得本体亲切，那么，如何去沙拔楔？其功夫自迫切而不能已。所谓好善如好好色，恶恶如恶恶臭，必如是方能自慊。阳明教人千言万语，只是归着到这一点。盖良知见得亲切时，见善自能如目之见好色，一见着便不能不好，见恶自能如鼻之闻恶臭，一闻着便不能不恶。我们若能确实见得物我一体的实相，其所见之明白，能与见好色闻恶臭同一程度；那么，更如何能容得"分尔我"的私见有丝毫之存在呢？因为吾心与孺子为一体，所以一见孺子入井，良知立刻怵惕恻隐，同时便立刻援之以手。因为吾心与国家为一体，所以爱国如爱未婚妻，以国之休戚利害为己之休戚利害，这不是"知之真切笃实处便是行"吗？哲理上的心物合一论所以实践上归宿到知行合一论者在此。

心理合一论①

以下更讲他的心理合一论。既已承认心物合一，理当然不能离心物而存在，本来可以不必再说心理合一。阳明所以屡屡论及此，而且标"心即理"三字为一种口号者，正为针对朱子"天下之物莫不有理"那句话而发。原来这个问题发生得很早，当孟子时，有一位告子，标"仁内义外"之说，以为事物之合理不合理，其标准不在内的本心而在外的对境。孟子已经把他驳倒了，朱子即物穷理之教，谓理在天下之物，而与"吾心之灵"成为对待，正是暗袭告子遗说，所以阳明力辟他。说道：

> 朱子所谓"格物"云者，在"即物而穷其理也"，即物穷理，是就事事物物上求其所谓定理者也，是以吾心而求理于事事物物之中，析心与理而

---

① 本文节选自梁启超《王阳明知行合一之教》。

未二矣。夫求理于事事物物者，如求孝之理于其亲之谓也。求孝之理于其亲，则孝之理果在于吾之心耶？抑果在于亲之身耶？假而果在于亲之身，则亲没之后吾心遂无孝之理欤？见孺子之入井，必有恻隐之理……其或不可以从之于井欤……是皆所谓理也，是果在于孺子之身欤？抑果出于吾心之良知欤？以是例之，万事万物之理，莫不皆然。是可以知析心与理为二之非矣。（《答顾东桥书》）

平心论之，"就事事物物上求其所谓定理"，并非不可能的事，又并非不好的事，全然抛却主观，而以纯客观的严正态度严求物理，此正现代科学所由成立。科学初输入中国时，前辈认为"格致"正是用朱子之说哩。虽然，此不过自然界之物理为然耳，科学所研究之自然界物理，其目的只要把那件物的原来样子研究得正确，不发生什么善恶价值问题。所以用不着主观，而且容不得主观。

若夫人事上的理——即吾人应事接物的条理，吾人须评判其价值，求得其妥当性——即善亦即理，以为取舍从违之标准。所谓妥当者，绝不能如自然界事物之含有绝对性而当为相对性。然则离却吾人主观所谓妥当者，而欲求客观的妥当于事物自身，可谓绝对不可能的事。况且朱子解的《大学》,《大学》格致功夫,与诚意紧相衔接,如何能用自然科学的研究法来比附。阳明说:先儒解格物为"格天下之物",天下之物,如何格得尽?且谓"一草一木亦皆有理",今如何去格?纵格得草木来,如何反来诚得自家的意。(《传习录》黄以方记)然则《大学》所谓物,一定不是指自然界,而实指人事交互复杂的事物,自无待言。既已如此,则所谓妥当性——即理,不能求诸各事物之自身,而必须求诸吾心,亦不待言,所以阳明说:

> 夫物理不外于吾心,外吾心而求物理矣,无物理矣;遗物理而求吾心,吾心又何物耶……后世所以有专求本心遂遗物理之患,正由不知心即理耳……外心以求理,此知行之所以二也,求理于吾心,此圣门知行合一之教……(《答顾东桥书》)

外心以求理,结果可以生出两种弊端:非向外而遗内即向内而遗外。向外而遗内者,其最踏实的如研究自然科学,固然是甚好,但与身心修养之学,关系已经较少。(也非无关系,不过较少耳,此事当别论)等而下之,则故纸堆中片辞只义之考证笺注,先王陈迹井田封建等类之墨守争辩,繁文缛节少仪内则诸文之剽窃模仿，诸如此类。姑勿论其学问之为好为坏、为有用为无用，至少也免不了博而寡要劳而少功的毛病，其绝非圣学入门所宜有事也可知。向内而遗外者，视理为超绝心境之一怪物，如老子所谓"有物混成，先天地生""恍兮惚兮，其中有物"，禅宗所谓"言语道断，心行路绝"。后来戴东原讥诮朱儒言理说是"如有物焉，得于天而具于心"者，正属此类。由前之说，正阳明所谓"外吾心而求物理"；由后之说，则所谓"遗物理而求吾心"。此两弊，朱学都通犯了，朱子笺注无数古书，乃至《楚辞》《参同契》都注到，便是前一弊；费偌大气力去讲太极无极，便是后一弊。阳明觉此两弊皆为吾人学道之障，所以单刀直入，鞭辟进里，说道"心外无物""心外无理""心外无善"（《与王纯甫书》）。朱子解格物到正心修身，说"古人为学次第"（《大学章句集注序》），次第云者，像上楼梯一般，上了第一级才能到第二级，所以功夫变成先知（格致）后行（诚意等）。这是外心求理的当然结果，阳明主张心理合一，于是得如下的结论：

> 理一而已。以其理之凝聚而言则谓之性，以其凝聚之主宰而言则谓之心，以其主宰之发动而言则谓之意，以其发动之明觉而言则谓之知，以其明

觉之感而言则谓之物。故就物而言谓之格，就知而
言谓之致，就意而言谓之诚，就心而言谓之正。正
者，正此也；诚者，诚此也；致者，致此也；格
者，格此也。（《答罗整庵少宰书》）

这段话骤看起来，有点囫囵笼统，其实凡一切心
理现象，只是一刹那间同时并起，其间明相的分析，
不过为说明的一种方便，实际上如何能划然有界限分
出个先后阶段来？阳明在心物合一心理合一的前提之
下，结果不认格致诚正为几件事的"次第"，只认为
一件事里头所包含的条件。换言之，不是格完物才能
去致知，致完知采（才）去诚意，但是欲诚意须以致
知为条件，欲致知须以格物为条件，正如欲求饱便须
吃饭，欲吃饭便须拿筷子端碗，拿筷子端碗，吃饭求
饱，虽像有几个名目，其实只是一件事，并无所谓次
第，这便是知行合一。

身心意知物只是一物①

今为令学者了解阳明学说全部脉络起见，将他晚年所作《大学问》下半篇全录如下：

> 盖身、心、意、知、物者，是其功夫所用之条理，虽亦各有其所，而其实只是一物。格、致、诚、正、修者，是其条理所用之功夫，虽亦皆有其名，而其实只是一事。
>
> 何谓身？心之形体运用之谓也。何谓心，身之灵明主宰之谓也。何谓修身？为善而去恶之谓也。吾身自能为善而去恶乎？必其灵明主宰者欲为善而去恶，然后其形体运用者始能为善而去恶也。故欲修其身者，必在于先正其心也。然心之本体则性也，性无不善，则心之本体本无不正也。何从而用其正之之功乎？盖心之本体本无不正，自其意念发

----

① 本文节选自梁启超《王阳明知行合一之教》。

动，而后有不正。故欲正其心者，必就其意念之所发而正之。凡其发一念而善也，好之真如好好色，发一念而恶也，恶之真如恶恶臭，则意无不诚，而心可正矣。然意之所发有善有恶，不有以明其善恶之分，亦将真妄错杂，虽欲诚之，不可得而诚矣。故欲诚其意者必在于致知焉。致者，至也，如云丧致乎哀之致。《易》言"知至至之"，知至者知也，至之者致也。致知云者，非若后儒所谓充扩其知识也，致吾心之良知焉耳。良知者，孟子所谓"是非之心人皆有之"者也。是非之心，不待虑而知，不待学而能，是故谓之良知。是乃天命之性，吾心之本体，自然灵昭明觉者也。凡意念之发，吾心之良知无有不自知者。其善欤，惟吾心之良知自知之，其不善欤，亦惟吾心之良知自知之。是皆无所与于他人者也。故虽小人之为不善，既已无所不至，然其见君子，则必厌然掩其不善而着其善者，是亦可以见其良知之有不容于自昧者也。今欲别善恶以诚其意，惟在致其良知之所知焉尔。何则？意念之发，吾心之良知既知其为善矣，使其不能诚有以好之，而复背而去之，则是以善为恶，而自昧其知善之良知矣。意念之所发，吾之良知既知其为不善矣，使其不能诚有以恶之，而复蹈而为之，则是以恶为善，而自昧其知恶之良知矣。若是，则虽曰知之，犹不知也，意其可得而诚乎？今于良知之善恶者，无不诚好而诚恶之，则不自欺其良知而意可诚也已。然欲致其良知，亦岂影响恍惚而悬空无实之谓乎？是必实有其事矣。故致知必在于格物。物者，事也，凡意之所发必有其事，意所在之事谓之物。格者，正也，正其不正以归于正之谓也。正其不正者，去恶之谓也。归于正者，为善之谓也。夫是之谓格。书言"格于上下""格于文祖""格其非心"，格物之格实兼其义也。良知所知之善，虽诚欲好之矣，苟不即其意之所在之物而实有以为之，则是物有未格，而好之之意犹为未诚也。良知所知之恶，虽诚欲恶之矣，苟不即其意之所在之物而实有以去之，则是物有未格，而恶之之意犹为未诚也。今焉于其良知所知之善者，即其意之所在之物而实为之，无有乎不尽。于其良知所知之恶者，即其意之所在之物而实去之，无有乎不尽。然后物无不格，吾良知之所知者，无有亏缺障蔽，而得以极其至矣。夫然后吾心快然无复余憾而自谦矣，夫然后意之所发者，始无自欺而可以谓之诚矣。故曰："物格而后知至，知至而后意诚，意诚而后心正，心正而后身修。"

这篇文字是阳明征思田临动身时写出来面授钱德洪的，可算得他平生论学的绝笔。学者但把全文仔细解释，便可以彻底了解他学问的全部真想了。简单说，根据"身心意知物只是一物"的哲学理论，归结到"格致诚正修只是一事"的实践法门，这便是阳明学的全体大用。他又曾说"君子之学以诚身，格物致知者，立诚之功也"（《书王天宇卷》）。以"诚意"为全部学问之归宿点，而"致良知"为其下手之必要条件。由此言之，知行之决为一事而非两事，不辩自明了。

又说：

> 徒知养静而不用克己功夫，如此临事便要倾倒，人须在事上磨炼方立得住，方能静亦定，动亦定。（《传习录》陆澄记）

有人拿孟子"必有事焉而勿正心勿忘勿助长"那段话问他，他答道：

> 我此间讲学，却只说个"必有事焉"，不说"勿忘勿助"……今却不去必有事上用功……终日凭空去做个勿忘，又悬空去做个勿助，济济荡荡，全无实落下手处，究竟工夫只做个沉空守寂，学成

一个痴呆汉，才遇些子事来，即便牵滞纷扰，不复能经纶宰制。此皆有志之士，而乃使之劳苦缠缚，耽搁一生，皆由学术误人之故，甚可悯矣。（《答聂文蔚书》）

后来颜习斋痛斥主静之说，说是死的学问，是懒人的学问。这些话有无过火之处，且不必深论。若认他骂得很对，也只骂得着周濂溪、李延年，骂得着程伊川、朱晦庵乃至陈白沙，却骂不着阳明。阳明说好静只是放溺，说沉空守寂会学成痴呆，而痛惜于学术误人。凡习斋所说的，阳明都早已说过了。至于其所说必待入口然后知味之美恶，必待身亲履历然后知路之险夷，主张知识必由实际经验得来，尤与习斋及近世詹姆士、杜威辈所倡实验主义同一口吻。

以极端唯心派的人，及其讲到学识方面，不独不高谈主观，而且有偏于纯客观的倾向，浅见者或惊疑其矛盾，殊不知他的心物合一论、心理合一论，结果当然要归着此点。为什么呢？他一面说"外吾心而求物理，无物理矣"，同时跟着说"遗物理而求吾心，吾心又何物邪？"盖在心物合一的前提之下，不独物要靠心乃能存在，心也要靠物乃能存在。心物既是不能分离的东西，然则极端的唯心论，换一方面看，同时也便是极端的唯物论了。他说："心无体，以天地万物感应之是非为体。"以无的心而做心学，除却向"涉着于物"处用力，更有何法？夫曰"行是知的功夫""行是知之成"，此正实验主义所凭借以得成立也。

知中有行　行中有知

知行合一[①]

把知行分为两件事，而且认为知在先行在后，这是一般人易陷的错误。阳明的知行合一说，即专为矫正这种错误而发。但他立论的出发点，因解释《大学》和朱子有异同，所以欲知他学说的脉络，不能不先把《大学》原文做个引子。

《大学》说："欲修其身者先正其心，欲正其心者先诚其意，欲诚其意者先致其知，致知在格物。"这几句话教人以修养身心的方法，在我们学术史上含有重大意味。自朱子特别表彰这篇书，把它编作四书之首，故其价值越发增重了。据朱子说这是"古人为学次第"（《大学章句集注》），要一层一层地做上去，走了第一步才到第二步。内中诚意正心修身是力行的功夫，格物致知是求知的功夫。

朱子对于求知功夫看得尤重，他因为《大学》本文

---

① 本文节选自梁启超《王阳明知行合一之教》。

对于诚意以下都解释，对于致知格物没有解释，认为是有脱文，于是作了一篇《格物致知补传》，说道："所谓致知在格物者，言欲致吾知，在即物而穷其理也。盖人心之灵莫不有知，而天下之物莫不有理。惟于理有未穷，故其知有不尽也。是以《大学》始教，必使学者即凡天下之物，莫不因其已知之理而益穷之以求至乎其极。至于用力之久，而一旦豁然贯通焉，则众物之表里精粗无不到，而吾心之全体大用无不明矣……"

依朱子这种用功法，最少犯了下列两种毛病：一是泛滥无归宿，二是空伪无实著。天下事物如此其多，无论何事何物，若想用科学方法"因其已知之理而益穷之以求至乎其极"，单一件已够消磨你一生精力了。朱子却是用"即凡天下之物"这种全称名词，试问何年何月才能"即凡"都"穷"过呢？要先做完这段功夫才讲到诚意正心……等等，那么诚正修齐治平的工作，只好待诸转轮再世了。所以结果是泛滥无归宿。

况且朱子所谓"穷理"并非如近代科学家所谓客观的物理，乃是抽象的倘况无朕的一种东西。所以他说有"一旦豁然贯通则表里精粗无不到"那样的神秘境界。其实那种境界纯是可望不可即的，或者还是自己骗自己。倘若具有这种境界，那么"豁然贯通"之后，学问已做到尽头，还用得着什么诚意正心……等等努力。所谓"为学次第"者何在，若是自己骗自己，那么用了一世格物穷理功夫，只落得一个空。而且不用功的人哪个不可以伪托，所以结果是虚伪无实着。

阳明那时代，"假的朱学"正在盛行，一般"小人儒"都夹着一部《性理大全》作举业的秘本。言行相远，风气大坏。其间一二有志之士，想依着朱子所示法门切实做去，却是前举两种毛病，或犯其一，或兼犯其二，到底不能有个得力受用处。阳明早年固尝为此说所误，阅历许多甘苦，不能有得，后来在龙场驿三年，劳苦患难，九死一生，切实体验，才能发明这知行合一之教。

梁注：《传习录》黄以方记阳明说，初年与友论做圣贤要格天下之物，因指亭前竹子令格去看，友格了三日，便劳神致疾。某说他精力不足，因自去穷格，到七日亦以劳思成疾。遂相与叹圣贤是做不得的，无他大力量去格物了。观此知阳明曾犯过泛滥无归宿的病。又文集《答季明德书》云："若仁之不肖，亦常陷溺于其间者几年，伥伥然自以为是矣。赖天下之灵偶有悟于良知之学，然后悔其向之所为者，固包藏祸心，作伪于外而心劳日拙者也……"观此知阳明曾犯过虚伪无着的病。

知而不行，只是未知[①]

"知行合一"这四个字，阳明终身说之不厌。一部《王文成公全书》，其实不过这四个字的注脚。今为便于学者记忆持习起见，把他许多话头分成三组。每组拈出几个简要的话做代表。

第一组："未有知而不行者，知而不行，只是未知。"（《传习录》徐爱记）

第二组："知是行的主意，行是知的功夫，知是行之始，行是知之成"（同上）。

第三组："知行原是两个字说一个功夫……知之真切笃实处便是行，行之明觉精察处便是知。"（《答友人问》）

第一组的话是将知行的本质作合理的解剖说明。阳明以为凡人有某种感觉，同时便起某种反应作用。

---

① 本文节选自梁启超《王阳明知行合一之教》。

反应便是一种行为，感觉与反应，同时而生，不能分出个先后。他说：

> 《大学》指个真知行与人看，说"如好好色，如恶恶臭"。见好色属知，好好色属行，只见那好色时已自好了，不是见了后又立个心去好。闻恶臭属知，恶恶臭属行，只闻那恶臭时已自恶了，不是闻了后别立个心去恶。如鼻塞人虽见恶臭在前，鼻中不曾闻得，便亦不甚恶，亦只是不曾知臭。（《传习录》徐爱记）

梁注：《大学》"如好好色如恶恶臭"那两句话是解释"诚意"的，阳明却说他"指个真知行"。阳明认致知为诚意的功夫，诚意章所讲即是致知的事，故无需再作《格物致知补传》也。此是阳明学术脉络关键所在，勿轻轻看过。

这段譬喻，说明知行不能分开，可谓深切著明极了。然犹不止此，阳明以为感觉（知）的本身，已是一种事实，而这种事实早已含有行为的意义在里头。他说：

又如知痛，必已自痛了方知痛；知寒，必已自寒了；知饥，必已自饥了。知行如何分得开，此便是知行的本体，不曾有私意隔断的。圣人教人，必要是如此，方可谓之知，不然只是不曾知。（同上）

梁注：此文虽说"知行本体"，其实阳明所谓本体专就"知"言，即所谓良知是也。但他既已把知行认为一事，知的本体也即是行的本体，所以此语亦无病。又阳明是主张性善说的，然而恶从哪里来呢？他归咎于私意隔断，此是阳明学重大条目。

常人把知看得太轻松了，所以有"非知之艰，行之惟艰"一类话。（案这是《伪古文尚书》语）徐爱问阳明："今人尽有知得父当孝兄当悌者，却不能孝不能悌，便是知与行分明是两件。"阳明答道：

如称某人知孝，某人知悌，必是其人已曾行孝行悌，方可称他知孝知悌，不成只是晓得说些孝悌的话便可称为知孝知悌？（同上）

譬如现在青年们个个都自以为知道要爱国，却是所行所为，往往与爱国相反。常人以为他是知而不行，阳明以为他简直不知罢了。若是真知道爱国滋味和爱他恋人一样（如好好色），绝对不会有表里不一的。所以得着"知而不行，只是不知"的结论。阳明说："知行之体本来如是，非以己意抑扬其间，姑为是说以苟一时之效者也。"（《答顾东桥书》）

知是行之始，行是知之成^①

前文所述第二组的话，是从心理历程上看出知行是相依相待的，正如车之两轮，鸟之两翼，缺了一边，哪一边也便不能发生作用了。凡人做一件事，必须先打算去做，然后会着手去做。打算便是知，便是行的第一步骤。换一面看，行是行个什么，不过把所有打算的实现出来。非到做完了这件事的时候最初的打算不曾完成，然则行也是贯彻所知的一种步骤。阳明观察这种心理历程，把它分析出来，说道："知是行的主意，行是知的功夫。知是行之始，行是知之成。"当时有人问他道："如知食乃食……知路乃行，未有不见是物，先有是事。"阳明答道：

> 夫人必有欲食之心然后知食，欲食之心即是意，即是行之始矣。食味之美恶，必待入口而后

————————————

① 本文节选自梁启超《王阳明知行合一之教》。

知，岂有不待入口而已先知食味之美恶者耶？必有欲行之心然后知路，欲行之心即是意，即是行之始矣。路岐之险夷，必待身亲履历而后知，岂有不待身亲履历而已先知路岐之险夷者耶？（《答顾东桥书》）

现在先解释"知是行的主意""知是行之始"那两句话。阳明为什么和人辩论"知"字时却提出"意"字来呢？阳明以为我们所有一切知觉，必须我们的意念涉着于对境的事物终能发生。离却意念而知觉独立存在，可谓绝对不可能的事。然则说我们知道某件事，一定要以我们的意念涉着这件事为前提。意念涉着是知的必要条件，然则意即是知的必须成分。意涉着食物方会知，而意涉着那事物便是行为的发轫。这样说来，"知是行之始"无疑了。由北京去南京的人，必须知有南京，原是不错的。为什么知有南京，必是意念已经涉着南京。涉着与知，为一刹那间不可分割的心理现象。说它是知，可以；说它是行的第一步，也可以。因为意念之涉着不能不认为行为之一种。

梁注：见《心物合一论》。

再解释"行是知的功夫""行是知之成"那两句。
这两句较上两句尤为重要，阳明所以苦口婆心说个知行
合一，其着眼实在此点。我们的知识从哪里得来呢？有
人说，从书本上可以得来；有人说，从听讲演或谈论可
以得来；有人说，用心冥想可以得来。其实都不对，真
知识非实地经验之后是无从得着的。你想知道西湖风景
如何，读几十种西湖游览志便知道吗？不。听人讲游
西湖的故事便知道吗？不。闭目冥想西湖便知道吗？不
不。你要真知道，除非亲自游历一回。常人以为，我走
先知后行的功夫，虽未实行，到底不失为一个知者。阳
明以为这是绝对不可能的事，他说：

> 今人却将知行分作两件去做，以为必先知了
> 然后能行。我如今且去讲习讨论做知的功夫，待
> 知得真了方去做行的功夫。故遂终身不行，亦遂
> 终身不知。此不是小病痛……（《传习录》徐爱
> 记）

这段话，现在学校里贩卖智识的先生们和购买智识
的学生们听了不知如何？你们岂不以为我的学问虽不曾
应用，然而已经得着智识，总算不白费光阴吗？依阳明
看法，你们卖的买的都是假货，固为不曾应用的智识绝

对算不了知识。上一节在第一组所引的话"未有知而不行者，知而不行，只是不知"，今我不妨阳明之意，套前调补充几句："未有不行而知者，不行而求知，终究不会知。"这样说来，我们纵使以求知为目的，也不能不以力行为手段。很明白了，所以说"行是知的功夫"。又说"行是知之成"。

《中庸》说："博学之，审问之，慎思之，明辨之，笃行之。"后人以为学问思辨属知的方面讲，末句才是属行的方面。阳明以为错了，他说：

> 夫学问思辨行，皆所以为学。未有学而不行者也。如言学孝，则必服劳奉养，躬行孝道，然后谓之学。岂徒悬空口耳讲说，而遂可以谓之学孝乎？学射，则必张弓挟矢，引满中的。学书，则必伸纸执笔，操觚染翰。尽天下之学，无有不行而可以言学者。则学之始，固已即是行矣……学之不能以无疑，则有问。问即学也，即行也。又不能无疑，则有思……则有辨，辨即学也，即行也……非谓学问思辨之后而始措之于行也。是故以求能其事而言，谓之学。以求解其惑而言，谓之问。以求通其说而言，谓之思。以求精其察而言，谓之辨。以求履其实而言，谓之行。盖析其功而言，则有五。合其事

而言，则一而已。（《答顾东桥书》）

又说：

> 凡谓之行者，只是着实去做这件事。若着实做学问思辨的功夫，则学问思辨亦便是行矣。学是学做这件事，问是问做这件事，思辨是思辨做这件事。则行亦便是学问思辨矣。若谓学问思辨之然后去行，却如何悬空先去学问思辨，得行时又如何去得个学问思辨的事。（《答友人问》）

据这两段话，拿行来概括学问思辨也可以，拿学来概括问思辨行也可以。总而言之，把学和行打成一片，横说竖说都通。若说学自学，行自行，那么，学也不知是学个什么，行也不知是行个什么了。

有人还疑惑，将行未行之前，总需要费一番求知的预备功夫，才不会行错，问阳明道："譬之行道者，如大都为所归宿之地……行道者不辞险阻艰难，决意向前……如使斯人不识大都所在而泛焉欲往……几希矣。"阳明答道：

> 夫不辞险阻艰难而决意向前，此正是"诚意"

之意，审如是，则其所以问道途具资斧戒舟车，皆有不容已者。不然，又安在其为决意向前，而亦安所前乎？夫不识大都所在而泛焉欲往，则亦欲往而已，未尝真往也。惟其欲往而未尝真往，是以道途之不问，斧资之不具，舟车之不戒。若决意向前，则真往矣，真往者能如是乎？此最功夫切要者。（《答王天宇第二书》）

又有人问："今天理人欲，知之未尽，如何用得克己功夫。"阳明答道：

若不用克己功夫……天理终不自见，私欲亦终不自见。如人走路一般，走得一段，方认得一段，走到歧路处，有疑便问。问了又走，方渐能到……今人于已知之天理不肯存，已知之人欲不肯去。且只管愁不能尽知，只管闲讲何益之有？（《传习录》陆澄记）

这些话都是对于那些借口智识未重便不去实行的人痛下针砭，内中含有两种意思：其一，只要你决心实行，则智识虽缺少些也不足为病。因为实行起来，便逼着你不能不设法求智识，智识也便跟着来了，这便是"知是行之始"的注脚。其二，除了实行外，再没有第二条路得着智识。因为智识不是凭空可得的，只有实地经验。行过一步，得着一点，再行一步，又得一点，一步不行，便一点不得。这便是"行是知之成"的注脚。

知行原是两个字说一个功夫①

通观前两组所说这些话，知行合一说在理论上如何能成立，已大略可见了。照此说来，知行本体既只是一件，为什么会分出两个名词。古人教人为学为什么又常常知行对举呢？关于这一点的答辩，我们编在第三组，阳明说：

知行原是两个字说一个功夫，这一个功夫，须着此两个字，方说得完全无弊。（《答友人问》）

又说：

知之真切笃实处即是行，行之明觉精察处即是知。知行功夫本不可离，只为后世学者分作两截用功，失却知行本体。固有合一并进之说。真知即所

---

① 本文节选自梁启超《德育鉴》，载1905年12月《新民丛报》。

以为行，不行不足谓之知……（《答顾东桥书》）

又说：

行之明觉精察处便是知，知之真切笃实处便是行。若行而不能精察明觉，便是冥行，便是学而不思则罔，所以必须说个知。知而不能真切笃实，便是妄想，便是思而不学则殆，所以必须说个行。原来只是一个功夫，凡古人说知行皆是就一个功夫上补偏救弊，不似今人截然分作两件事做。（《答友人问》）

又说：

若会得时，只说一个知，已自有行在。只说一个行，已自有知在。古人所以既说一个知又说一个行者，只为世间有一种人，懵懵懂懂地任意去做，全不解思惟省察，也只是个冥行妄作。所以必说个知方才行得是。又有一种人，茫茫荡荡悬空去思索，全不肯着实躬行，也只是个揣摸影响。所以必说一个行，方才知得真……今若知得宗旨时即说两个亦不妨，亦只是一个；若不会宗

旨，便说一个亦济得甚事？只是闲说话。（《传习录》徐爱记）

以上几段话，本文很明白，毋庸再下解释。我们读此，可以知道阳明所以提倡知行合一论者，一面固因为"知行之体本来如此"，一面也是针对末流学风"补偏救弊"的作用。我们若想遵从其教得个着力处，只要从真知真行上切实下功夫。若把他的话只当作口头禅，虽理论上辨析得很详细，却又堕于"知而不行只是不知"的痼疾，非复阳明本意了。

然则阳明所谓真知真行到底是什么呢？关于这一点，我打算留待"论知行合一与致良知"一节再详细说明。

试拿现代通行的话说个大概，则"动机纯洁"四个字，庶几近之。动是行，所以能动的机括是知，纯是专精不疑二，洁是清醒不受蔽，质而言之，在意念隐微处（即动机）痛切下功夫。如孝亲，须把孝亲的动机养得十二分纯洁，有一点不纯洁处务要克治去；如爱国，须把爱国的动机养得十二分纯洁，有一点不纯洁处务要克治去。纯洁不纯洁，自己的良知当然会看出，这便是知的作用。看出后顿时绝对地服从良知命令去做，务要常常保持纯洁的本体，这便是行的作用。若能如此，自能"好善如好好色，恶恶如恶恶臭"，便是《大学》诚意的全功，也即是正心修身致知格物的全功，所以他说："君子之学以诚身。"（《书王天宇卷》）意便是动机，诚是务求纯洁，阳明知行合一说的大头脑，不外如此。他曾明白宣示他的立言宗旨道：

> 今人学问，只因知行分作两件，故有一念发动，虽是不善，然却未曾行，便不去禁止。我今说个知行合一，正要人晓得一念发动处便即是行了……须要彻根彻底不使那一念不善潜伏在胸中，此是我立言宗旨。（《传习录》黄以方记）

他说：

> 杀人须就咽喉上着刀，吾人为学当从心髓入微处用力。（《与黄宗贤第五书》）

他一生千言万语，说的都是这一件事。而其所以简易直捷，令人实实落落得个下手处，亦正在此。

于是我们所最要知道的，是阳明对于一般人所谓"智识"者，其所采态度如何。是否有轻视或完全抹杀的嫌疑，现在我们要解决这个问题作本章的结论。

知识是诚心发出来的条件[①]

阳明排斥书册上知识，口耳上知识，所标态度，极为鲜明。他说：

> 后世不知作圣之本是纯乎天理，却专去知识才能上求圣人……徒弊精竭力，从册子上钻研，名物上考索，形迹上比拟，知识愈广而人欲愈滋，才力愈多而天理愈蔽……（《传习录》薛侃记）

从这类话看来，阳明岂不是认知识为不必要吗？其实不然，他不是不要知识，但以为要"有个头脑"（《传习录》徐爱记）。头脑是什么呢？我们叫它做诚意亦可以，叫它致良知亦可以，叫它动机纯洁亦可以。若没有这头脑，知识愈多愈坏。譬如拿肥料去栽培恶树的根，肥料越下得多，它越畅茂，四旁嘉谷越发长不成

---

① 本文节选自梁启超《王阳明知行合一之教》。

了（《传习录》陆澄记）。有了头脑之后，知识当然越多越好。但种种知识，也不消费多大的力，自然会得到，因为它是头脑发出来的条件。有人问："如事父母起见温清定省之类，有许多节目，不知亦须讲求否。"阳明答道：

> 如何不讲求，只是有个头脑……此心……若是个诚于孝亲的心，冬时自然思量父母的寒，便自要去求个温的道理；夏时自然思量父母的热，便自要去求个清的道理。这都是那诚孝的心发出来的条件，却是须有这诚孝的心，然后有这条件发出来。譬之树木，这诚孝的心便是根，许多条件便是枝叶，须先有根，然后有枝叶。不是先寻了枝叶然后去种根。（《传习录》徐爱记）

梁注：此是概括《传习录》中语。原文所谓"头脑"者，谓"只是就此心去人欲存天理上讲求"，意思只是要动机纯洁，今易其语，俾易了解。

知识是诚心发出来的条件，这句话便是知行合一论最大的根据了。然而条件是千头万绪千变万化的，有了诚心（即头脑）碰着这件，自然会讲求这件，走到那步，自然会追求前一步。若想在实行以前或简直离开实行而泛泛然去讲习讨论那些条件，那么，在这千头万绪千变万化中，从哪里讲习起呢？阳明关于此点，有最明快的议论。说道：

> 夫良知之于节目时变，犹规矩尺度之于方圆长短也。节目时变之不可预定，犹方圆长短之不可胜穷也。故规矩诚立，则不可欺以方圆，而天下之方圆不可胜用矣。尺度诚陈，则不可欺以长短，而天下之长短不可胜用矣。良知诚致，则不可欺以节目时变，而天下之节目时变不可胜应矣。毫厘千里之谬，不于吾心良知一念之微而察之，亦将何所用其学乎。是不以规矩而欲定天下之方圆，不以尺度而欲尽天下之长短，吾见其乖张谬戾，日劳而无成也已。（《答顾东桥书》）

这段话虽然有点偏重主观的嫌疑，但事实上我们对于应事接物的知识，如何才能合理，如何便不合理，这类标准，最后终不能不以主观的良知为判断，此亦事之无可如何者。即专以求知的功夫而论，我们也断不能把天下一切节目时变都讲求明白才发手去做。只有先打定主意诚诚恳恳去做这件事，自然着手之前逼着做预备知

识功夫。着手之后，一步一步地磨炼出知识来。正所谓
"知是行之始，行是知之成"也。今请更引阳明两段话
以结本章：

良知不由见闻而有，而见闻莫非良知之用，故
良知不滞于见闻，而亦不离于见闻……大抵学问功
夫，只要主意头脑是当；若主意头脑专以致良知为
事，则凡多闻、多见，莫非致良知之功……（《答
欧阳崇一书》）

君子之学，何尝离去事为而废论说？但其从事
于事为、论说者，要皆知行合一之功，正所以致其
本心之良知，而非若世之徒事口耳谈说以为知者，
分知行为两事，而果有节目先后之可言也。（《答
顾东桥书》）

无善无恶心之体

致良知①

　　钱德洪、王畿所撰《阳明先生年谱》，说他三十八岁始以知行合一教学者，五十岁始揭致良知之教。其实"良知"二字，阳明早年亦已屡屡提及，不过五十岁始专以此为教耳。他五十五岁时有给邹守益一封信，内中几句话极为有趣，他说："近有乡大夫请某讲学者云：'除却良知还有什么说得？'某答云：'除却良知还有什么说得！'"……他晚年真是"开口三句不离本行"。千言万语，都是发挥"致良知"三字。表面看来，从前说知行合一，后来说致良知，像是变更口号。不错，口号的字句是小有变更，其实内容原只是一样，我们拿知行合一那句话代表阳明学术精神的全部也可以，拿致良知这句话代表阳明学术的全部内容也可以。

　　梁注：《寄邹谦之书》云："近来信得'致良知'三字真圣

---

① 本文节选自梁启超《王阳明知行合一之教》。

门正法眼藏，往年尚疑未尽，今自多事以来，只此良知，无不具足。譬之操舟得舵，平澜浅濑，无不如意。虽遇颠风逆浪，舵柄在手，可免没溺之患矣。"案此书是正德十六年在南昌所发，时阳明五十岁，平宸濠之次年也。[1]

　　"致良知"这句话，是把《孟子》里"（人之）所不虑而知者其良知也"和《大学》里"致知在格物"两句话联缀而成。阳明自下解说道："孟子云：'是非之心，知也。'是非之心，人皆有之，即所谓良知也。孰无是良知乎？但不能致之耳。易谓'知至至之'？知至者知也；至之者致知也，此知行之所以一也。近世格物致知之说，只一'知'字尚未有下落，若'致'字功夫，全不曾道着矣。此知行之所以二也。"（《与陆元静第二书》）观此可知致良知正所以为知行合一，内容完全一样，所以改用此口号者，取其意义格外明显而已。

---

[1]　原文如此，有讹误，宸濠之乱实际发生于正德十四年。此处有误。

良知者心之本体①

"致良知"这句话，后来王门弟子说得太玄妙了，几乎令人无从捉摸。其实阳明本意是平平实实的，并不含有若何玄学的色彩，试读前章所引《大学问》中解释致知那段话，便可以了然。阳明自己把它变成几句口诀——即有名的"四句教"，所谓：

> 无善无恶心之体，有善有恶意之动，知善知恶是良知，为善去恶是格物。（王畿《天泉证道记》）

梁注：后来刘蕺山、黄梨洲都不信四句教，疑是王龙溪造谣言。我们尊重龙溪人格，实不敢附和此说。况且天泉证道时，有钱绪山在一块。这段话摘入《传习录后录》，《传习录》经绪山手定，有嘉靖丙辰跋语，其时阳明没已久了，若非师门遗说，绪山如何肯承认，蕺

---

① 本文节选自梁启超《王阳明知行合一之教》。

山门所疑者，不过因无善无恶四字，不知善之名对恶而始立，心体既无恶，当然也无善，何足为疑呢？

良知能善能恶，致的功夫即是就意所涉着之事物实行为善去恶。这种工作，虽愚夫愚妇，要做便做，但实行做到圆满，虽大贤也恐怕不容易。所以这种学问，可以说是极平庸，也可以说是极奇特。刘蕺山引《系辞》中孔子赞美颜子的话来作注脚，说道："有不善未尝不知，良知也。知之未尝复行，致良知也。"阳明亦曾拿《大学》的话来说："所恶于上"是良知，"毋以使下"是致良知。（《传习录下》）致良知最简易的解释，不过如此。

《大学》说："所谓诚其意者，毋自欺也。"阳明既认致知为诚意的功夫，所以最爱用"不欺良知"这句话来作"致知"的解释，他说：

> 尔那一点良知，是尔自家底准则。尔意念着处，他是便知是，非便知非，更瞒他一些不得。尔只不要欺他，实实落落依着他做去；善便存，恶便去，他这里何等稳当快乐。（《传习录》陈九川记）

拿现在的话说，只是绝对地服从良心命令便是。然则为什么不言良心，而言良知呢？因为心包含意与知两部分，意不必良，而知无不良。阳明说："凡应物起念处皆谓之意，意则有是有非。能知得意之是与非者则谓之良知。依得良知即无有不是矣。"（《答魏师说书》）所以"良知是你的明师"（《传习录上》）。关于这一点，阳明总算把性善论者，随便举一个例子都可以反驳倒我们。但是，本能的发动虽有对有不对，然而某件事对某件事不对，我们总会觉得。就"会觉得"这一点看，就是"人之所以异于禽兽"，就是"人皆可以为尧舜"的一副本钱，所以孟子说良知良能，而阳明单提知的方面代表良心之全部，说"良知者心之本体"（《答陆元静书》）。

良知在人，本无污坏①

区区所论"致知"二字，乃是孔门正法眼藏②。于此见得真的，直是建诸天地而不悖，质诸鬼神而无疑，考诸三王而不谬，百世以俟圣人而不惑。知此者方谓之知道，得此者方谓之有德。异此而学，即谓之异端；离此而说，即谓之邪说；迷此而行，即谓之冥行。虽千魔万怪，眩瞀变幻于前，自当触之而碎，迎之而解。如太阳一出，而鬼魅魍

---

① 本文节选自梁启超《德育鉴》。

② "孔门正法眼藏"为王守仁借禅宗之语，以比喻其致良知学说在其心学体系中的重要地位。圣门指被尊为圣人的孔子创立的儒家教门。正法眼藏亦称"法净法眼"，本禅宗用语。眼指朗照一切事物，藏谓之包涵万德，正法具此眼藏，所以无上。禅宗用之"以心传心"，泛指佛教之正法。王守仁于正德十六年（1521年）在南昌始揭"致良知"学说，标志其心学体系完成。在《寄正宪男手墨二卷》中说："吾平生讲学，只是致良知三字。"又说："近来信得致良知三字，真圣门正法眼藏。往日尚疑未尽，今日多事以来，只此良知，无不具足。"（《年谱》）

魉，自无所逃其形矣。（《与杨仕鸣书》）

某近来却见得"良知"两字日益真切简易。朝夕与朋辈讲习，只是发挥此两字不出。缘此两字，人人所自有，故虽至愚下品，一提便省觉。若致其极，虽圣人天地不能无憾，故说此两字，穷劫不能尽。世儒尚有致疑于此，谓未足以尽道者，只是未尝实见得耳。（《寄邹谦之第三书》）

区区"格致诚正"之说，是就学者本心日用事为间，体究践履，实地用功，是多少次第、多少积累在，正与空虚顿悟之说相反。闻者本无求为圣人之志，又未尝讲究其详，遂以见疑，亦无足怪。（《答顾东桥书》）

启超谨案：此三条，皆赞致良知之宗旨圆满无遗憾，以坚学者之信，当时先生初倡此义，举天下群起而非难之，故不厌反复辨明也。

近时同志亦已无不知有致良知之说，然能于此实用功者绝少，皆缘见得良知未真，又将致字看太易了，是以多未有得力处。（《答欧阳崇一书》）

　　启超谨案：读此则后此末流猖狂之失，先生固已知之。其言将致字看太易了，直是一针见血也。

　　启超谨案：致知之说，本于《大学》，"欲诚其意者先致其知"；良知之说，本于《孟子》，"（人之）所不虑而知者其良知也"。子王子勾合此二语，以立一学鹄。其致知而必加一"良"字者，所以指其本体。夫人心之灵，莫不有知，固也，但我辈受过去社会种种遗传性，及现在社会种种感化力，其知之昏谬，往往而有，然此不过其后起者耳。若返诸最初之一念，则真是真非，未有不能知者。即如我辈生于学绝道丧之今日，为结习熏染，可谓至极。然苟肯返诸最初之一念，则真是真非，卒亦未尝不有一隙之明，即此所谓良也。苟言致知而不指定此一隙，则或有就其后起昏谬者而扩充之，则谬以千里矣。此王子所以以《孟子》释《大学》也。言良知而必加一"致"字者，所以实其功夫。良知尽人所固有，固也，然天下无无代价之物。若曰：吾有是而既足矣，则盈天下皆现成的圣人，何必更讲学？此王子所以又以《大学》释《孟子》也。"致良知"三字，真是呕心呕血研究出来，增减不得。虽有博辩敏给目空一切之夫，律以此义，当下失其依据；虽有至顽下愚不识一字之人，授以此义，当下便有把柄。真所谓放之四海而皆准，俟诸百世而不惑者也。徐横山（名爱，字曰仁。最初从学先生者也）跋《传习录》云："爱因旧说汩没，始闻先生之教，实是骇愕不定，无入头处。其后闻之既久，渐知反身实践，然后始信先生之学为孔门嫡传，舍是皆傍蹊小径、断港绝河矣！"诚哉然矣！先生自叙得力云："守仁早岁业举，溺志词章之习，既乃稍知从事正学，而苦于众说之纷扰疲薾，茫无可入。因求诸老、释，欣然有会于心，以为圣人之学在此矣。然于孔子之教间相出入，而措之日用，往往缺漏无归，依违往返，且信且疑。其后谪官龙场，居夷处困，动心忍性之余，恍若有悟，体验探求，再更寒暑，证诸《五经》《四子》，沛然若决江河而放诸海也。"所谓恍若有悟者，即悟出"致良知"三字，为学之头脑也。其得之之难也若此，故其门人黄洛村（弘纲）亦云："先师之学，虽顿悟于居常之日，而历艰备险，动心忍性，积之岁月，验诸事履，乃始脱然有悟于良知。虽至易至简，而心则独苦矣！何学者闻之之易而信之之难耶？"盖言之有余慨焉。我辈生后先生数百年，中间复经贱儒伪学，盗憎主人；摧锄道脉，不遗余力；微言大义，流风余韵，渐灭以尽；人欲横流，举国禽兽。而近者复有翻译泰西首尾不完字句不明之学说输入，学者益得假以自文，欲举我神明千圣之学，一旦而摧弃之，而更何有于先生？虽然，先生之精神，亿劫不灭；先生之教指，百世如新。中国竟亡则已，苟其不亡，则入虞渊而捧日以升者，其必在受先生之感化之人，无可疑也。呜呼！以其时考之则可矣，其亦有闻而兴者乎？非我辈之责而谁责也？

启超又案：致良知之旨，先生发之殆无余蕴。其门下之解释，亦有大相发明者。今诠于下方，以坚同志信仰之诚。

良知在人，本无污坏。虽昏蔽之极，苟能一念自反，即得本心。譬之日月之明，偶为云雾之翳，谓之晦耳，云雾一开，明体即见，原未尝有所伤也。此原是人人见在具足、不犯做手本领功夫，人之可以为尧舜、小人之可使为君子，舍此更无从入之路、可变之几。（王龙溪《致知议辩》）

当万欲腾沸之中，若肯返诸一念良知，其真是真非，炯然未尝不明，只此便是天命不容灭息所在，便是人心不容蔽昧所在。此是千古入贤入圣真正路头。（王龙溪《答茅治卿》）

夫良知不学而能，不虑而知，故虽小人闲居为不善无所不至者，其见君子而厌然，亦不可不谓之良知。虽常人恕己则昏者，其责人则明，亦不可不谓之良知。苟能不欺其知，去其不善者以归于善，勿以所恶于人者施之于人，则亦是致知诚意之功。即此一念，可以不异于圣人。（欧阳德《答刘道夫》）

良知乃本心之真诚恻怛，人为私意所杂，不能念念皆此真诚恻怛，故须用致知之功。致知云者，去其私意之杂，使念念皆真诚恻怛，而无有亏欠耳。孟子言孩提知爱知敬，亦是指本心真诚恻怛、自然发见者，使人达此于天下念念真诚恻怛，即是念念致其良知矣。故某尝言一切应物处事，只要是良知。（欧阳德《答胡仰斋》）

良知无方无体，变动不居，故有昨以为是而今觉其非，有己以为是而因人觉其为非，亦有自见未当，必考证讲求而后停妥。皆良知自然如此。故致知亦当如此。然一念良知，彻头彻尾，本无今昨、人己、内外之分也。（欧阳德《答沈思畏》）

知得良知是一个头脑，虽在千百人中，功夫只在一念微处，虽独居冥坐，功夫亦只在一念微处。
（钱绪山）

启超谨案：以上数条，解释致良知之旨，最为确
实。其余尚多，今不具引。

说个"仁"字，沿习既久，一时未易觉悟；说
个良知，一念自反，当下便有归着。（王龙溪《东
游会语》）

《大学》本旨，大抵以诚意为主意，以致良
知为功夫之则。盖曰诚意无功夫，功夫只在致
知……然则致知功夫，不是另一项，仍只就诚意
中看出。如离却意根一步，亦更无致知可言。
（刘蕺山）

启超谨案：此两条，言王子所以专标致良知之故。
凡讲学标宗旨者，皆务约之使其在我而已。其实学问只
有一件事，或标彼两三字，或标此两三字，原只是这一
件而已，王子又尝语学者云，说集义则一时未见头脑，
说致良知，当下便有用功实地，即是此意。

启超又案：致良知之教，本已盛水不漏，而学者受

之，亦往往学焉而得其性之所近。故王子既没，而门下支派生焉。纷纷论辩，几成聚讼。语其大别，不出两派：一曰趋重本体者（即注重"良"字），王龙溪王心斋一派是也。一曰趋重功夫者（即注重"致"字），聂双江罗念庵一派是也。要之皆王子之教也。吾辈后学，苟所志既真，则亦因其性之所近，无论从何门人，而皆可以至道（若启超则服膺双江念庵派者，然不敢以强人。人各有机缘，或以龙溪心斋派而得度，亦一而已矣。本书中间有左右袒之言，究非敢有所轩轾于昔贤也）。故今择录两派之要语，使学者自择之。其辨难之说，徒乱人意，则不如其已也。

有善有恶意之动

良知人人都有①

　　"有善有恶意之动"，意或动于善或动于恶谁也不能免，几乎可以说没有自由。假使根本没有个良知在那里指导，那么，我们的行为便和下等动物一样，全由本能冲动，说不上有责任，然而实际上绝不如此。"良知在人，随你如何，不能泯灭，虽盗贼亦自知不当为盗。唤他做贼，他还忸怩。"（《传习录》陈九川记）"良知之在人心，无间于圣愚，天下古今之所同也。"（《答聂文蔚第三书》）"凡意念之发，吾心之良知无有不自知者。其善欤？惟吾心之良知自知之；其恶欤？亦惟吾心之良知自知之。"（《大学问》）"缘此两字人人所自有，故虽至愚下品，一提便省觉。"（《答聂文蔚第三书》）既有知善知恶之良知，则选择善恶，当然属于我的自有。良知是常命令我选择善的，于是为善去恶，便成为我对于我的良知所应负之责任。人类行为

----

① 本文节选自梁启超《王阳明知行合一之教》。

所以有价值，全在这一点。

良知虽人人同有，然其明觉的程度不同，所以要下"致"的功夫。"圣人之知，如青天之日；贤人如浮云天日；愚人如阴霾天日，虽有昏明不同，其能辨黑白则一。虽昏黑夜里，亦影影见得黑白，就是日之余光未尽处。困学功夫，亦只从这一点明处精察去耳。"（《传习录》黄省曾记）有人对阳明自叹道："私意萌时，分明自心知得，只是不能使他即去。"阳明道："你萌时这一'知'处，便是你的命根，当下即去消磨，便是立命功夫。"（《传习录》黄以方记）假使并这一点明处而无之，那真无法可想了。然而实际上绝不如此，无论如何昏恶的人，最少也知道杀人不好。只要能知道杀人不好，"充其无欲害人之心，而仁不可胜用矣"。最少也知道偷人东西是不好，只要能知道偷东西不好，"充其无欲穿窬之心，而义不可胜用矣"。所以说，"这一知是命根"。抓着这命根往前致，由阴霾天的日致出个浮云天的日来，由浮云天的日致出个青天的日来，愚人便会摇身一变变成贤人，摇身再变变成圣人了。所以阳明说："人若知这良知诀窍，随他多少邪思枉念，这里一觉，都自消融，真个是灵丹一粒，点铁成金。"（《传习录》陈九川记）利用这一觉，致良知功夫便得着把柄入手了。他又说："杀人须就咽喉上着刀，吾人为学当从心髓入微处用力。自然笃实光辉，虽私欲之萌，真是洪炉点雪，天下之大本立矣。"（《与黄宗贤第五书》）专就这一点明处往前致，致到通体光明，如青天之日，便有"洪炉点雪"气象，便是致良知功夫成熟。

致良知功夫，全以毋自欺为关键①

我们最当注意者，利用那一觉，固然是入手时最简捷的法门，然并非专恃此一觉便了。后来王学末流，专喜欢讲此一觉，所以刘蕺山箴斥他们，说道："后儒喜以觉言性，谓一觉无余事，即知即行……"殊不知主张一觉无余事者，不知不觉间已堕于"知而不行，只是不知"，恰与阳明本意违反了。当时已有人疑阳明"立说太高，用功太捷，未免堕禅宗顿悟之机"。阳明答道："区区格致诚正之说，是就学者本心日用事为间，体究践履，实地用功，是多少次第、多少积累在，正与空虚顿悟之说相反。"（《答顾东桥书》）所以致良知功夫，说易固易，说难却又真难。当时有学者自以为能致知，阳明教训他道："何言之易也，再用功半年看如何，又用功一年看如何，功夫愈久愈觉不同，此难口说。"（《传习录》陈九川记）

---

① 本文节选自梁启超《王阳明知行合一之教》。

晚明治王学的人，喜欢说"现成良知"，轻轻把致字抹杀，全不是阳明本意了。

致良知功夫是要无间断的，且要十分刻苦的。方才引的"私欲萌时那一知"要抓着做个命根，固也。但并非除却那时节便无所用力。阳明说："譬之病疟之人，虽有时不发，而病根不曾除，则亦不得谓之无病之人矣。"（《传习录》陆澄记）所以，"省察克治之功，则无时而可间，如去盗贼，须有个扫除廓清之意。无事时，将好色、好货、好名等私，逐一追究搜寻出来，定要拔去病根，永不复起，方始为快。常如猫之捕鼠，一眼看着，一耳听着。才有一念萌动，即便克去。斩钉截铁，不可姑容与他方便。不可窝藏，不可放他出路，方是真实用功。方能扫除廓清。"（同上）他在赣南剿土匪时候寄信给他的朋友有两句有名的话，"去山中贼易，去心中贼难。"可见得这一个"致"字，内中含有多少扎硬寨打死仗的功夫，绝非"一觉无余事"了。

阳明尝自述其用力甘苦，说道："……毫厘之差，而乃致千里之谬。非诚有求为圣人之志而从事于惟精惟一之学者，莫能得其受病之源而发其神奸之所由伏也。若某之不肖，盖亦尝陷溺于其间者几年，伥伥然既自以为是矣。赖天之灵，偶有悟于良知之学，然后悔其向之所为者，固包藏祸机，作伪于外，而心劳日拙者也。十余年来，虽痛自洗剔创艾，而病根深痼，萌蘖时生。所幸良知在我，操得其要，譬犹舟之得舵，虽惊风巨浪颠沛不无，尚犹得免于倾覆者也。夫旧习之溺人，虽已觉悔悟，而其克治之功，尚且其难若此，又况溺而不悟，日益以深者，亦将何所抵极乎！"（《寄邹谦之第四书》）读这段话，不能不令人悚然汗下。以我们所见的阳明，学养纯粹，巍然为百世宗师。然据他的自省，则有"神奸由伏""作伪于外，心劳日拙"种种大病，用了十几年洗剔功夫，尚且萌叶时生。我们若拿来对照自己，真不知何地自容了。据此，可知致良知功夫，全以毋自欺为关键，把良知当作严明的裁判官，自己常像到法庭一般，丝毫不敢掩饰，方有得力处。最妙者裁判官不是别人，却是自己，要欺也欺不得，徒然惹自己苦痛。依着他便如舟之得舵，虽惊涛骇浪中，得有自卫的把握而泰然安稳。结果得看"自慊"——自己满足，致良知功夫所以虽极艰难而仍极简易者在此。

梁注：阳明卒时五十七岁，《寄邹谦之书》是他五十五岁写的，读此可见其刻苦用功，死而后已。

致良知是超凡入圣不二法门①

大抵学问功夫，只要主意头脑是当。若主意头脑专以致良知为事，则凡多闻多见，莫非致良知之功。盖日用之间，见闻酬酢，虽千头万绪，莫非良知之发用流行。除却见闻酬酢，亦无良知可致矣。（《答欧阳崇一书》）

启超谨案：子王子提出致良知为唯一之头脑，是千古学脉，超凡入圣不二法门。

尔那一点良知，是尔自家的准则。尔意念着处，他是便知是，非便知非，更瞒他一些不得。尔只不要欺他，实实落落依着他做去，善便存，恶便去，他这里何等稳当快乐。此便是……致知的实功。（《传习录》）

---

① 本文节选自梁启超《德育鉴》。

启超谨案：此示致良知之功夫也。人谁不有良知？良知谁不自知？只要不欺良知一语，便终身受用不尽，何等简易直捷！

心之本体，无起无不起。虽妄念之发，而良知未尝不在，但人不知存，则有时而或放耳；虽昏塞之极，而良知未尝不明。但人不知察，则有时而或蔽耳。虽有时而或放，其体实未尝不在也，存之而已耳；虽有时而或蔽，其体实未尝不明也，察之而已耳。（《与陆元静书》）

启超谨案：此申言致良知功夫，绝无繁难。

我辈致知，只是各随分限所及，今日良知见在如此，则随今日所知扩充到底，明日良知又有开悟，便从明日所知扩充到底，如此方是精一功夫。（《传习录》黄以方记）

黄梨洲曰：此是先生渐教，顿不废渐。

启超谨案：此是彻上彻下法门，虽大贤亦只是如此用功，虽不识一字亦只是如此用功，亦可谓顿之至矣。不然，我辈何有学圣之路？

凡人言语正到快意时，便截然能忍默得；意气正到发扬时，便翕然能收敛得；愤怒嗜欲正到腾沸时，便廓然能消化得：此非天下之大勇不能也。然见得良知亲切时，其功夫又自不难。（《与黄宗贤书》）

启超谨案：《朱子语类》云："今学者亦多来求病根，某向他说，头痛灸头，脚痛灸脚，病在这上，只治这上便了，更别讨甚病根？"（潘时举记）此朱子之大误处，所谓支离者此也。头痛灸头，脚痛灸脚，终日忙个不了，疲精敝神，治于此仍发于彼，奈何？万一头、脚、耳、目、手、心、腹、肾、肠同时皆痛，又将如何？天下良医，断无如此治病法。专治病根，方一了百了。王子所谓"见得良知亲切时，其功夫又自不难"者，只要抱定不欺良知为宗旨，而私欲之萌，遂若洪炉点雪也，何难之有钦？

良知只是个是非之心，是非只是个好恶，只好恶就尽了是非，只是非就尽了万事万变。又曰："是非"两字是个大规矩，巧处则存乎其人。（《传习录》下）

启超谨案：此言良知之应用，其详见《应用第六》。

知善知恶是良知

心所安处才是良知①

讲到这里，我们要提出紧急动议讨论一个问题，阳明说"良知是我们的明师，他是便知是，非便知非，判断下来绝不会错"，这话靠得住吗？我们常常看见有一件事，甲乙两个人对于它同时下相反的判断，而皆自以为本于自己的良知。或一个人对于某件事，前后判断不同，而皆以为本良知。不能两是，必有一非，到底哪个良知是真呢？况且凡是非之辩所由起，必其之性质本介于两可之间者也，今若仅恃主观的良知以下判断，能够不陷于武断之弊？后来戴东原说宋儒以"意见"为理，何以见得阳明所谓良知不是各个人的"意见"呢？这是良知说能否成立之根本问题，我们要看阳明怎么解答。

第一，须知阳明所谓知是知非者，其实只是知善知恶（他拿是非来说不过为孟子"是非之心，人皆有之"那句话作注释）。善恶的标准，虽然也不是绝对的，但

---

① 本文节选自梁启超《王阳明知行合一之教》。

已不至如是非之疑似难辨。最少如"无欲害人""无欲穿窬"之类几项基本标准总是有的，从良知所见到这一点致出去，总不会错。或问阳明："据人心所知，多有误欲作理，认贼作子处，何处乃见良知。"阳明反问："尔以为何如？"答："心所安处才是良知。"阳明道："固是，但要省察，恐有非所安而安者。"（《传习录拾遗》）凡事就此心所安处做去，最少总可以得自慊——自己满足的结果。

第二，所谓武断或意见者，主张直觉说的人最易犯此病。阳明的致良知，骤看很像纯任直觉，其实不然，他以格物为致知的功夫，说："欲致其良知，亦岂影响恍惚而悬空无实之谓乎？是必实有其事矣。"（《大学问》）说要"在事上磨"（《传习录》陆澄记）。说："除却见闻酬酢，亦无良知可致矣。"（《答欧阳崇一书》）所以关于判断事理的知识，阳明却是主张经验论，并不主直觉论。有人问："知识不长进如何？"他答道："为学须有本原……渐渐盈科而进……婴儿在母腹时，只是纯气，有何知识？出胎后，方始能啼，既而后能笑，又既而后能认识其父母兄弟，又既而后能立，能行，能持，能负。卒乃天下之事，无不可能。皆是精气日足……则聪明日开，不是出胎日便讲求推寻得来。"（《传习录》陆澄记）他不认知识为能凌空笼统地一起得着，而认为要由后天的经验，一步一步增长起来。然则戴东原所谓"理与事分为二而与意见合为一"者（《孟子字义疏证》卷上）在朱学或有此病，在王学决不然。阳明又说："我辈致知，只是各随分限所及，今日良知见在如此，只随今日所知扩充到底，明日良知又有开悟，便从明日所知扩充到底，如此方是精一功夫。"（《传习录》黄以方记）由此言之，良知并不是一成不变，实是跟着经验来天天长进，不过用功要有一个头脑，一切只是都从良知发生出来，才不至散而无纪罢了。阳明又说："如人走路一般，走得一段，方认得一段，走到歧路处，有疑便问，问了又走，方渐能到得欲到之地……只管愁不能尽知，只管闲讲何益之有。"（《传习录》陆澄记）

朱子说的"即物穷理之后一旦豁然贯通则众物表里精粗无不到"那种做学问法，诚不免有认意见为理的危险。若阳明则全不是这种路数，他说："不是本体明后却于天下事物都便知得，便做得来也。天下事物如名物度数草木鸟兽之类，不胜其烦，圣人……亦何缘能尽知得。但不必知的，圣人自不消求知，其所当知的，圣人自能问人。如'子入太庙每事问'之类……"（《传习录》陈九川记）。

致良知功夫，只是对于某件事应做不应做，求得一个定盘针。决定应做之后，该如何做法，跟着有多少学问思辨工作在里头，而这些工作，却要用客观的经验的而非主观的直觉的方法，这便是阳明本旨。

至于事理是非介在疑似两可之间者，决定应做与否，诚然不能不凭良知一时之直觉。阳明以为我们平日用功，不必以此等例外的事理为标准，而且欲对于此等事应付不误，只有把良知摩擦得晶莹，存养得纯熟，然后遇事乃得其用。有人问他："道之大端，易于明白，所谓良知良能，愚夫愚妇可与及者。至于节目时变之详，毫厘千里之谬，必待学而后知。今语孝于温清定省，孰不知之？至于舜之不告而娶，武之不葬而兴师……等事，处常处变，过与不及之间，必须讨论是非，以为制事之本。"阳明答道：

"道之大端易于明白"，此语诚然。顾后之学者，忽其易于明白者而弗由，而求其难于明白者以为学，此其所以道在迩而求诸远，事在易而求诸难也。……夫良知之于节目时变，犹规矩尺度之于方圆长短也。节目时变之不可预定，犹方圆长短之不可胜穷也。……毫厘千里之谬，不于吾心良知一念之微而察之，亦将何所用其学乎？……夫舜之不告而娶，岂舜之前已有不告而娶者为之准则，故舜得以考之何典，问诸何人，而为此邪？抑亦求诸其心一念之良知，权轻重之宜，不得已而为此邪？……后之人不务致其良知，以精察义理于此心感应酬酢之间，顾欲悬空讨论此等变常之事，执之以为制事之本，以求临事之无失，其亦远矣。（《答顾东桥书》）

这段话在实践道德学上含有重大的意味。

廓然而大公，物来而顺应[①]

善恶的标准，有一部分是绝对的，有一部分是相对的。相对的那部分，或甲时代与乙时代不同，或甲社会与乙社会不同，或同一时代社会因各个人所处的地位而不同，这种临时临事的判断，真是不能考诸何典问诸何人。除却凭主观的一念良知之直觉以权轻重之宜，没有别的办法。然则我们欲对于此等临事无失，除却平日下功夫把良知磨得雪亮，预备用得着直觉时，所直觉者不致错误，此外又更有何法呢？

一般人所判断的是非善恶，自命为本于良知者，然而往往会陷于错误。这是常见的事，阳明亦承认，但阳明以为这绝不是良知本身的缺点，不过没有实下"致"的功夫，以致良知被锢蔽而失其作用耳。他说："事物之来，但尽吾心之良知以应之，所谓'忠恕违道不远'矣，凡处得有善有未善，及有困顿失次之患者，皆是

---

① 本文节选自梁启超《王阳明知行合一之教》。

牵于毁誉得丧，不能实致其良知耳。若能实致其良知，然后见得平日所谓善者，未必是善，所谓未善者却恐正是牵于毁誉得丧而自贼其良知者也。"（《答周道通书》）俗语说得好："旁观者清，当局者迷。"同是一个人，同是那良知，何以观察旁人很清醒，自己当局便糊涂起来呢？因为一到当局便免不了得失或毁誉等等顾忌。譬如讨论一个工厂法案，某甲属于劳动阶级，主张便如此，某乙属于资本阶级或想利用资本阶级，主张便如彼。虽各各昌言道我本我良知的主张，其实他的良知已经被得失之见缠蔽了。纵使不属那阶级亦不想利用那阶级，然而看见哪一种时髦的主张便跟着主张去，或者从前主张错了，而护短不欲改口，他的良知已经被毁誉之见缠蔽了。此外或因一时情感冲动，或因事实牵扯，令良知失其作用者原因甚多。总而言之，以自己为本位，便有一种"我的成见"横亘胸中，便是以为良知之贼，这类东西，阳明统名之曰"私欲"。致良知功夫，最要紧是把这些私欲划除净尽，假使一个人他虽然属于劳动阶级或资本阶级，但他并不以本身利害为本位，纯采第三者的态度，由当局而抽身出来像旁观者一样，而且并不要讨好于任何部分人，不要任何部分人恭维他，赤裸裸的真，信凭他的良知来判断这个工厂法案，那么我们敢保他下的判断，一定是"忠恕达道不远"了，致良知的实在功夫，便是如此。

阳明在江西时候，有一属官，常来旁听讲学。私下对人说："此学甚好，只是薄书讼狱繁难，不得为学。"阳明听见了，告诉他道："我何尝教尔离了薄书讼狱，悬空去讲学？尔既有官司之事，便从官司的事上为学，才是真格物。如问一词讼，不可因其应对无状，起个怒心；不可因他言语圆转，生个喜心；不可恶其嘱托，加意治之；不可因其请求，屈意从之；不可因自己事务冗烦，随意苟且断之；不可因旁人潜毁罗织，随人意思处之。这许多意思皆私，只尔自知，须精细省察克治，惟恐此心有一毫偏倚，枉人是非，这便是格物致知。薄书讼狱之间，无非实学；若离了事物为学，却是着空。"（《传习录》陈九川记）

据这段话所教训，可见得我们为什么判断事理会有错呢？都不外被"私的意见"蒙蔽着，只要把这种种"私"克去，自然会鉴空衡平，一切事理到跟前，都能看得真切。程明道所谓"廓然而大公，物来而顺应"正是这种境界。拿现在的话来讲，只要纯采客观态度，不掺杂丝毫主观的成见及计较，那便没有不清楚的事理。

梁注：这段话还给我们一种重大教训，就是令我们知道修养功夫，并不消把日常应做的事搁下一边另起炉灶去做。譬如一个学生，不说我现在学校功课太忙，没有时候去致良知。你在课堂上听讲，在图书馆里念书，便可以从听讲念书上头致你的良知。念一部书，完全为研求书中道理，不是想抄袭来完成毕业论文，不是要摘拾几句来口耳来出风头。读时不草率，不曲辨，批评时不关意气……诸如此类，就是读书时致良知功夫。《传习录》中尚有答人问读书一段云："且如读书时，良知知得强记之心不是，即克去之；有欲速之心不是，即克去之；有夸多斗靡之心不是，即克去之。如此亦只是终日与圣贤印对，是个纯乎天理之心。任他读书，亦只是调摄此心而已，何累之有？"（黄修易记）

为善去恶是格物

廓清自私自利念头[1]

讲到这里，"图穷而匕首见"，不能不提出阳明学派最主要一个关键，曰"义利之辨"。昔朱晦庵请陆象山在白鹿洞书院讲演，象山讲论语"君子喻于义，小人喻于利"那一章，晦庵听了大感动，天气微暖，而汗出挥扇。阳明继承象山学派，所以陆王之学，彻头彻尾只是立志辨义利。阳明以为，良知唯一的仇敌是功利主义，不把这个病根拔去，一切学问无从做起。他有名的拔本塞源论，关于此警告说得最沉痛。今录如下：

夫拔本塞源之论不明于天下，则天下之学圣人者，将日繁日难，斯人沦于禽兽夷狄而犹自以为圣人之学。吾之说虽或暂明于一时，终将冻解于西而冰坚于东，雾释于前而云滃于后，呶呶焉危困以死，而卒无救于天下之分毫也。

---

[1] 本文节选自梁启超《王阳明知行合一之教》。

　　夫圣人之心，以天地万物为一体，其视天下之人，无外内远近，凡有血气，皆其昆弟赤子之亲，莫不欲安全而教养之，以遂其万物一体之念。天下之人心，其始亦非有异于圣人也，特其间于有我之私，隔于物欲之蔽，大者以小，通者以塞，人各有心，至有视其父子兄弟如仇雠者。圣人有忧之，是以推其天地万物一体之仁以教天下，使之皆有以克其私，去其蔽，以复其心体之同然……

　　……孔孟既没，圣学晦而邪说横，教者不复以此为教，而学者不复以此为学。霸者之徒，窃取先王之近似者，假之于外以内济其私己之欲，天下靡然而宗之……

　　圣人之学，日远日晦，而功利之习，愈趋愈下。其间虽尝瞽惑于佛老，而佛老之说，卒亦未能有以胜其功利之心。虽又尝折衷于群儒，而群儒之论，终亦未能有以破其功利之见。

　　盖至于今，功利之毒沦浃于人之心髓，而习以成性也，几千年矣。相矜以知，相轧以势，相争以利，相高以技能，相取以声誉……记诵之广，适以长其傲也；知识之多，适以行其恶也；闻见之博，适以肆其辩也；辞章之富，适以饰其伪也……其称名僭号，未尝不曰吾欲以共成天下之务，而其诚心实意之所在，以为不如是则无以济其私而满其欲也。

呜呼，以若是之积染，以若是之心志，而又讲之以若是之学术，宜其闻吾圣人之教而视之以为赘疣枘凿；则其以良知为未足，而谓圣人之学为无所用，亦其势有所必至矣……（《答顾东桥书》）

"功利"两个字，在今世已成为哲学上一种主义——最时髦的学派。我们生今日而讲"非功利"，一般人听了何止"以为赘疣枘凿"，一定当作妖怪了。虽然，须知阳明之"非功利"并不是教人不做事，也不是叫人做事不要成功，更不是把人生乐利幸福一概抹杀。这些话无需多辨，只把阳明一生替国家替地方人民所做的事业点检一下当然可以得着绝好的反证。然则他所非的功利是什么呢？是各个人自私自利——以自己利益为本位那种念头。详细点说，凡专求满足自己的肉欲，如食膏粱衣文绣宫室之美妻妾之奉等等以及满足肉欲起见而发生的财货欲，更进而追求满足自己的权势欲，求满足自己的虚荣欲，凡此之类，阳明统名之为私欲——即功利，认为一切罪恶之根源。"知善知恶为良知，为善去恶是格物"。所谓善恶者以何为标准呢？凡做一事，发一念，其动机是否出于自私自利，即善恶之唯一标准。良知所知之善恶，就只知这一点，而且这一点，除自己的良知之外，没有别人或别的方法能知得真切确实的。然则这种标准对吗？我想完全是对的，试观凡人类的罪恶，小而自家庭细故，所谓"父借耰锄，动有德色；母取箕帚，立而诟语"，大而至于奸淫劫盗杀人放火，哪件不是从自私自利之一念发出来。其甚者为权势欲为虚荣欲所驱使"一将功成万骨枯"，不惜举千千万万人生命以殉所谓英雄豪杰者一念中不可告人之隐，然且有奇袭之学说以为之推波助澜。例如尼采辈所崇拜之"超人"的生活，主张利用民器，以他人做牺牲品为自己成功之工具，谓为所当然。阳明所谓"以若是之心志而又讲之以若是之学术"把人类兽性方面的本能尽情发挥，安得不率天下为禽兽呢？阳明痛心疾首于此种祸机，所以不能倡良知之教，他说：

后世良知之学不明，天下之人用其私智以相比轧，是以人各有心，而偏琐僻陋之见，狡伪阴邪之术，至于不可胜说；外假仁义之名，而内以行其自私自利之实，诡辞以阿俗，矫行以干誉，掩人之善而袭以为己长，讦人之私而窃以为己直，忿以相胜而犹谓之徇义，险以相倾而犹谓之疾恶，妒贤忌能而犹自以为公是非，恣情纵欲而犹自以为同好恶，相陵相贼，自其一家骨肉之亲，已不能无尔我胜负之意，彼此藩篱之形，而况于天下之大，民物之众，又何能一体而视之？则亦无怪于纷纷籍籍，而祸乱相寻于无穷矣！

仆诚赖天之灵，偶有见于良知之学，以为必由此而后天下可得而治。是以每念斯民之陷溺，则为之戚然痛心，忘其身之不肖，而思以此救之……（《答聂文蔚书》）

这段话真是一字一泪，阳明所以极力反对功利主义，所以极力提倡致良知，他那一片婆心，和盘托出给我们看了，我们若还相信这些话有相当价值，总可以感觉到。这种专以自己为本位的人，学问少点，才具短点，作恶的程度也可以减轻点，若再加之以学问才具，天下人受其荼毒更不知所底极了。然而天下事到底是要靠有学问才具的人去做的。倘使有学问有才具的人不能在自己心术上痛切下一番革命功夫，则这些人都是为天下造孽的人。天下的罪恶祸乱，一定相寻于无已。所以阳明对于当时的青年痛切警告道："今天下事势，如沉疴积痿，所望以起死回生者，实有在于诸君子，若自己病痛未能除，将何以能疗得天下之病？"（《与黄宗贤书》）

当时一青年有自是好名之病，阳明屡屡责备他道："此是汝一生大病根。譬如方丈地内，种此一大树，雨露之滋，土脉之力，只滋养得这个大根。四旁纵要种些嘉谷，上面被此树叶遮覆，下面被此树根盘结，如何生长得成？须用伐去此树，纤根勿留，方可种植嘉种。不然，任汝耕耘培壅，只是滋养得此根。"（《传习录》陆澄记）夫好名也是促进青年向上的一种动机，阳明何故深恶痛绝到如此。因为好名心也是从自私自利出来，充这个念头所极，可以种种作伪，种种牺牲别人以为自己，所以真正做学问的人，非从这种罪恶根芽上廓清不可。

欲廓清自私自利念头，除却致良知没有第二法门。因为心术隐微，只有自己的良知方能照察得出，阳明说："人若不知于此独知之地用力，只在人所共知处用功，便是作伪，便是'见君子而后厌然'。此独知处便是诚的萌芽，此处不论善念恶念，更无虚假，一是百是，一错百错，正是王霸义利诚伪善恶界头。于此一立立定，便是端本澄源，古人许多诚身的功夫，精神命脉，全体只在此处。"（《传习录》上）所以他又说："慎独即是致良知。"（《与黄勉之书》）

能克己方能成己^①

　　这样说来，致良知切实下手的功夫，是不是专在消极的克己作用呢？不错，克己是致良知重要条件，但不能认克己为消极作用。阳明说："人须有为己之心方能克己，能克己方能成己。"（《传习录》答萧惠）这句话又怎样解呢？我们想彻底了解他，要回复到他的心物合一论之哲学上见解来。

　　阳明因为确信心外无物，物外无心，灼然见得身外之人们及天地万物们都是"真我"或"大我"的构成要素。因此得着"物我同体"的结论，前文已经说过了。既已如此，然则自私自利之心，强把人我分为两体，岂不是我的"真我"罹了车裂之刑吗？所以他说："这心之本体……便是汝之真己……汝若真为那个躯壳的己，也须用着这个真己，便须常常保守着这个真己的本体……才一毫非礼萌动，便如刀割，如针刺，忍耐不

---

①　本文节选自梁启超《王阳明知行合一之教》。

过，必须去了刀，拔了针，这才是有为己之心，方能克己。"（同上）因此之故，克己功夫，非唯用不着强制执行，或者还可以说发于本能之不容自己，所以他说道："故凡慕富贵、忧贫贱、欣戚得丧、爱憎取舍之类，皆足以蔽吾聪明睿知之体，而窒吾渊泉时出之用。若此者，如明目之中而翳之以尘沙，聪耳之中而塞之以木楔也。其疾痛逆郁，将必速去之为快，而何能忍于时刻乎？"（《答南元善书》）克己本是一件极难的事，然而"见得良知亲切时，其功夫又自不难"（《与黄宗贤书》）。所谓见得亲切的是个什么？就是见出那物我为一痛痒相关的本体。这些话骤听着像是大言欺人，其实只是人生习见的事。例如慈母对于她的乳儿，青年男女对于他的恋人，那种痛痒一体的意思何等亲切，几曾见有对于自己的恋人而肯耍手段玩把戏牺牲他的利益以谋自利者。假使有这种念头偶然涌起，一定自己觉得伤害爱情神圣的本体，立刻感深切的苦痛，像目中尘耳中楔一般，必拭去拔去而后为快，是不是呢？但这种境界，在一般人只有慈母对乳儿、恋人对恋人才能发现，若大圣大贤，把天下国家看成他的乳儿，把一切人类看成他的恋人，其痛痒一体之不能自已，又何足怪。阳明以为人类的本性原是如此，所有"间形骸而分尔我"者，都不过良知受蔽隔而失其作用。"致"的功夫，只是把良知麻木过去那部分打些药针，令其恢复原状，一旦恢复之后，物我一体的感觉自然十分灵敏，哪里容得丝毫间隔，下手功夫又何难之有呢？所以《大学》说："如恶恶臭，如好好色。"而阳明亦最喜欢引以为喻，他说："从未见过好色的人要人强逼着才肯去爱的。"（约《传习录》语）又说："好色之人，未尝病于困忘，只是一真切耳。"（《答周道通书》）由此观之，可见在致良知这个口号底下所用克己功夫，是积极的而非消极的了。

良知本体与功利主义之分别，孟子说得最明白："今人乍见孺子将入于井，皆有怵惕恻隐之心，非所以内交于孺子之父母也，非所以要誉于乡党朋友也，非恶其声而然也。"乍见的恻隐，便是良知本体。纳交要誉恶其声等等杂念，便是得丧毁誉关系，便是功利。致良知功夫，最要紧是"非所以什么非所以什么"，换句话说，一切行为，都是目的，不是手段，阳明说："君子之学，求尽吾心焉尔。故其事亲也，求尽吾心之孝，而非以为孝也；事君也，求尽吾心之忠，而非以为忠也。是故夙兴夜寐，非以为勤也；剸繁理剧，非以为能也；嫉邪祛蠹，非以为刚也；规切谏诤，非以为直也；临难死义，非以为节也。吾心有不尽焉，是谓自欺其心；心尽，而后吾之心始自以为快也。惟夫求以自快吾心，故凡富贵贫贱、忧戚患难之来，莫非吾所以致知求快之地。苟富贵贫贱、忧戚患难而莫非吾致知求快之地，则亦宁有所谓富贵贫贱、忧戚患难者足以动其中哉？世之人徒知君子之于富贵贫贱、忧戚患难无入而不自得也，而皆以为独能人之所不可及，不知君子之求以自快其心而已矣。"（《题梦槎奇游诗卷》）

这段话是"如恶恶臭，如好好色，此之谓自慊"那几句的详注。问为什么要恶恶臭？为什么要好好色？谁也不能说出理由来。只是生理作用，非好好恶恶不能满足罢了。人生数十寒暑，勤勤恳恳乃至忍艰难冒危险去做自己良心上认为应做的事，问为什么，什么都不为，再问，只能答道为良心上的安慰满足。这种人生观，真是再逍遥自在不过的了，真是再亲切有味不过的了。回看功利主义者流，天天以为什么为什么相号召，营营于得丧毁誉，过几十年患得患失日子者，孰为有价值，孰为无价值，我们可以知所别择了。

梁注：阳明既排斥功利主义，当然也跟着排斥效率主义。他说："圣贤只是为己之学，重功夫不重效验。"（《传习录》下）

无时无处而不以立志为事①

以上所述，致良知的全部功夫大概都讲到了。但是，不能致良知的人，如何才会致起来呢？阳明以为最要紧是立志，孔子说："为仁由己，而由人乎哉？"又说："我欲仁，斯仁至矣。"阳明接见学者，常以此激劝之，其在龙场示诸生教条四章，首即立志，其在《传习录》中谆谆言此者不下数十条。其《示弟立志说》云：

君子之学，无时无处而不以立志为事。正目而视之，无他见也；倾耳而听之，无他闻也。如猫捕鼠，如鸡覆卵，精神心思凝聚融结，而不复知有其他，然后此志常立，神气精明，义理昭著。一有私欲，即便知觉，自然容住不得矣。故凡一毫私欲之萌，只责此志不立，即私欲便退；听一毫客气之动，只责此志不立，即客气便消除。或怠心生，责

---

① 本文节选自梁启超《王阳明知行合一之教》。

此志，即不怠；忽心生，责此志，即不忽；燥心生，责此志，即不燥；妒心生，责此志，即不妒；忿心生，责此志，即不忿；贪心生，责此志，即不贪；傲心生，责此志，即不傲；吝心生，责此志，即不吝。盖无一息而非立志责志之时，无一事而非立志责志之地。故责志之功，其于去人欲，有如烈火之燎毛，太阳一出，而魍魉潜消也。

志是志个什么呢？阳明说，要志在必为圣人，他的门生萧惠问学，他说："待汝办个真求为圣人的心来再与汝说。"（《传习录》上）有一天，几位门生侍坐，阳明叹息道："汝辈学问不得长进，只是未立志。"有一位李琪起而对曰："琪亦愿立志。"阳明说："难说不立，未是必为圣人之志耳。"（《传习录》下）这些话不知现代青年们听了怎么样？我想不是冷笑着以为迂而无用，便是惊骇着以为高不可攀，其实阳明既不肯说迂而无用的话，也不肯说高不可攀的话，我们欲了解他的真意，请先看他对于"圣人"两字所下定义，他说：

圣人之所以为圣，只是此心纯乎天理而无人欲之杂。犹精金之所以为精，但以其成色足而无铜铅之杂也。人到纯乎天理方是圣，金到足色方是

精……然圣人之才力，亦有大小不同，犹金之分两
有轻重。尧、舜犹万镒，孔子犹九千镒……伯夷伊
尹犹四五千镒。力才不同，而纯乎天理则同，皆可
谓之圣人。犹分两不同，而色足皆同，皆可谓之精
金……盖所以为精金者，在足色，而不在分两。所
以为圣者，在纯乎天理，而不在才力也。故虽凡
人，而肯为学，使此心纯乎天理，则亦可为圣人。
犹一两之金，比之万镒，分两虽悬绝，而其到足色
处，可以无愧。故曰"人皆可以为尧舜"者以此。
学者学圣人，不过是去人欲而存天理耳。犹炼金而
求其足色，金之成色所争不多，则锻炼之工省，而
功易成。成色愈下，则锻炼愈难。人之气质清浊粹
驳，有中人以上、中人以下，其于道，有生知安
行、学知利行，其下者必须人一己百、人十己千，
及其成功则一。后世不知作圣之本是纯乎天理，却
专去知识才能上求圣人，以为圣人无所不知，无所
不能，我须是将圣人许多知识才能逐一理会始得。
故不务去天理上着功夫，徒弊精竭力，从册子上钻
研，名物上考索，形迹上比拟。知识愈广而人欲愈
滋，才力愈多而天理愈蔽。正如见人有万镒精金，
不务锻炼成色，求无愧于彼之精纯，而乃妄希分
两，务同彼之万镒，锡、铅、铜、铁杂然而投，

分两愈增而成色愈下，及其梢末，无复有金矣。
（《传习录》答蔡希渊问）

这番话可谓妙喻解颐，圣人中可以分出等第，有大圣人、小圣人，第一等、第二等圣人乃至第九十九等圣人，而其为圣人则一。我们纵使够不上做一万斤重的一等圣人，最少也可以做一两重一分重乃至一厘重的第九十九等圣人。做一厘重的九十九等圣人，比诸一万斤重的一等凡人或坏人，其品格却是可贵。孟子所谓"人皆可以为尧舜"，必要如此方解得痛，否则成为大妄语了。

当时有一位又聋又哑的人名叫杨茂，求见阳明，阳明和他笔谈，问道："你口不能言是非，你耳不能听是非，你心还能知是非否？"茂答："知是非。"阳明说："如此，你口虽不如人，你耳虽不如人，你心还与人一般。"茂首肯拱谢。阳明说："大凡人只是此心，此心若能存天理，是个圣贤的心；口虽不能言，耳虽不能听，也是个不能言不能听的圣贤。心若不存天理，是个禽兽的心，口虽能言，耳虽能听，也只是个能言能听的禽兽。"茂听了扣胸指天。阳明说："你……但在里面行你那是的心，莫行你那非的心。纵使外面人说你是也不须听，说你不是也不须听。"茂首肯拜谢。（《谕泰和杨茂》）这段话虽极显浅，却已把致良知彻始彻终功夫包括无遗。人人都有能知是非的心，只要就知之所及行那是的心不行那非的心，虽口不能言耳不能听，尚且不失为不能言不能听的圣人。然则"圣人与我同类"，人人要做圣人便做圣人，有什么客气呢？至于或做个不识一字在街上叫化的圣人，做个功被天下师表万世的圣人，这却是量的分别，不是质的分别。圣人原是以质计不以量计的，阳明教学者要先办个必为圣人之志，所办，办此而已。

这样看来，阳明致良知之教，总算平易极了。然则后来王学末流，为什么会堕入空寂为后世诟病呢？原来阳明良知之说，在哲学上有很深的根据，既如前章所述。他说："心之本体便是知。"所谓"见得良知亲切"者，即是体认本体亲切之谓。向这里下手，原是一了百了的绝妙法门，所以阳明屡屡揭此义为学者提掇。但他并非主张"一觉之后无余事"者，所以一面直提本体，一面仍说："省察克治之功无时而可间。"而后之学者，或贪超进，惮操持，当然会发生出近于禅宗之一派，此亦学术嬗变上不可逃避之公例也。

钱绪山说："师既没，音容日远，吾党各以己见立说。学者稍见本体，即好为径超顿悟之说，无复有省身克己之功。谓一见本体，超圣可以跂足，视师门诚意格物、为善去恶之旨，皆相鄙以为第二义。简略事为，言行无顾，甚者荡灭礼教，犹自以为得圣门之最上乘。噫！亦已过矣。"（《大学问》跋）王学末流，竟倡"现成良知"之说，结果知行不复合一，又陷于"知而不行只是不知"之弊，其去阳明之本意远矣。

知行合一以补致良知①

今日"若信得良知过时，意即是良知之流行，见即是良知之照察"云云，夫利欲之盘固，遏之犹恐弗止，而欲从其知之所发，以为心体；以血气之浮扬，敛之犹恐弗定，而欲任其意之所行，以为功夫。畏难苟安者，取便于易从；见小欲速者，坚主于自信。夫注念反观，孰无少觉？因言发虑，理亦昭然。不息之真既未尽亡，先入之言又有可据，日滋日甚，日移日远，将无有以存心为拘迫，以改过为粘缀，以取善为比拟，以尽伦为矫饰者乎？而其灭裂恣肆者，又从而诪张簧鼓之，使天下之人遂至于荡然而无归，则其陷溺之浅深，吾不知于俗学何如也！（罗念庵《甲寅夏游记》）

启超谨案：学圣之道，"致良知"三字，具足无遗

---

① 本文节选自梁启超《德育鉴》。

矣。然子王子以其辞旨太简单，恐学者或生误会，故又提知行合一之旨以补之。唯知行合一，故仅"致良知"三字，即当下具足也。今述知行合一之说。

凡谓之行者，只是着实去做这件事。若着实做学问思辨功夫，则学问思辨亦便是行矣。学是学做这件事，问是问做这件事，思辨是思辨做这件事，则行亦便是学问思辨矣。若谓学问思辨之，然后去行，却如何悬空先去学问思辨得？行时又如何去得个学问思辨的事？行之明觉精察处便是知，知之真切笃实处便是行。若行而不能精察明觉，便是冥行，便是学而不思则罔，所以必须说个知。知而不能真切笃实，便是妄想，便是思而不学则殆，所以必须说个行。元来只是一个功夫。凡古人说知行，皆是就一个功夫上，补偏救弊说，不似今人截然分作两件事做。某今说知行合一，虽亦是就今时补偏救弊说，然知行体段，亦本来如是。（《答友人问》）

明道云："只穷理，便尽性至命。"故必仁极仁而后谓之能穷仁之理，义极义而后谓之能穷义之理。仁极仁则尽仁之性矣，义极义则尽义之性矣。

学至于穷理，至矣，而尚未措之于行，天下宁有是邪？是故知不行之不可以为学，则知不行之不可以为穷理矣；知不行之不可以为穷理，则知知行之合一并进而不可以分为两节事矣。夫万事万物之理，不外于吾心，而必曰穷天下之理，是殆以吾心之良知为未足，而必外求天下之广，以禅补增益之，是犹析心与理而为二也。夫学问思辨笃行之功，虽其困勉至于人一己百，而扩充之极，至于尽性知天，亦不过致吾心之良知而已。良知之外，岂复有加于毫末乎？今必曰穷天下之理，而不知反求诸其心，则凡所谓善恶之机真妄之辨者，舍吾心之良知，亦将何所致其体察乎？（《传习录》中）

夫良知之于节目时变，犹规矩尺度之于方圆长短也。节目时变之不可预定，犹方圆长短之不可胜穷也。故规矩诚立，则不可欺以方圆，而天下之方圆不可胜用矣。尺度诚陈，则不可欺以长短，而天下之长短不可胜用矣。良知诚致，则不可欺以节目时变，而天下之节目时变不可胜应矣。毫厘千里之谬，不于吾心良知一念之微而察之，亦将何所用其学乎？是不以规矩而欲定天下之方圆，不以尺度而欲尽天下之长短，吾见其乖张谬庆，日劳而无成也已。吾子谓语孝于温清定省，孰不知之？然而能致其知者鲜矣。若谓粗知温清定省之仪节，而遂谓之能致其知，则凡知君之当仁者，皆可谓之能致其仁之知；知臣之当忠者，皆可谓之能致其忠之知，则天下孰非致知者耶？以是而言，可以知致知之必在于行，而不行之不可以为致知也，明矣。知行合一之体，不益较然矣乎？夫舜之不告而娶，岂舜之前已有不告而娶者为之准则，故舜得以考之何典，问诸何人，而为此邪？抑亦求诸其心一念之良知，权轻重之宜，不得已而为此邪？武之不葬而兴师，岂武之前已有不葬而兴师者为之准则，故武得以考之何典，问诸何人，而为此邪？抑亦求诸其心一念之良知，权轻重之宜，不得已而为此邪？使舜之心而非诚于为无后，武之心而非诚于为救民，则其不告而娶与不葬而兴师，乃不孝不忠之大者。而后之人不务致其良知，以精察义理于此心感应酬酢之间，顾欲悬空讨论此等变常之事，执之以为制事之本，以求临事之无失，其亦远矣。

（《答顾东桥书》）

启超谨案：以上三条，皆阐明知行合一之真理，可谓博深切明。其第三条上半截，言良知之应用处，尤当体认。前所谓"是非"两字是个大规矩，巧处则存乎其人，即此之谓也。与朱子即物而穷其理之说，自有守本逐末之分。

　　爱问："今人尽有知父当孝兄当弟者，却不能孝不能悌，知行分明是两件。"曰："此已被私欲间断，不是知行本体。未有知而不行者，知而不行，只是未知，圣贤教人知行，正是要复那本体。故《大学》指个真知行与人看，说如好好色，如恶恶臭。见好色属知，好好色属行；只见好色时已自好了，不是见后又立个心去好。闻恶臭属知，恶恶臭属行；只闻恶臭时已自恶了，不是闻后别立个心去恶。"爱曰："古人分知行为两，亦是要人见得分晓。一行功夫做知，一行功夫做行，则功夫始有下落。"曰："此却失了古人宗旨。某尝说知是行的主意，行是知的功夫，知是行之始，行是知之成。若令得时，只说一个知，已自有行在；只说一个行，已自有知在。古人所以既说知又说行者，只为世间有一种人，懵懵懂懂，任意去做，全不解思维省察，只是个冥行妄作，所以必说个知，方才行得是。又有一种人，茫茫荡荡，悬空去思索，全不肯着实躬行，只是个揣摩影响，所以必说一个行，方才知得真。此是古人不得已补偏救弊的说话。今若知得宗旨，即说两个亦不妨。亦只是一个；若不会宗旨，便说一个亦济得甚事，只是闲说话。"（《传习录》答徐爱问）

启超谨案："知而不行，只是未知"两语，是先生所以说知行合一之宗旨也。故凡言致良知，即所以策人于行也。然则专提挈本体者，未免先生所谓闲说话矣。

问知行合一。先生曰："此须识我立言宗旨。今人学问，只因知行分作两件，故有一念发动，虽是不善，然却未曾行，便不去禁止。我今说个知行合一，正要人晓得一念发动处，便即是行了。发动处有不善，就将这不善念克倒了，须要彻根彻底，不使那一念不善潜伏在胸中。此是我立言宗旨。"（《传习录》黄以方记）

黄梨洲曰："如此说知行合一，真是丝丝见血。先生之学，真切乃尔，后人何曾会得？"

启超谨案：先生他日尝言曰："然则凡知君之当仁者，皆可谓能致其仁之知；知臣之当忠者，皆可谓能致其忠之知，则天下孰非致知者耶？"彼文语意，谓善而不行，不足以为善也；此文语意，则恶而不行，已足以为恶。谓一念发动处，便即是行了，然则吾今者一念发动爱国，遂谓吾已行爱国可乎？似与前说矛盾。不知良知者，非徒知善知恶云尔，知善之当为，知恶之当去也。知善当为而不为，即是欺良知；知恶当去而不去，即是欺良知。故仅善念发，未足称为善。何以故？以知行合一故。仅恶念发，已足称为恶。何以故？以知行合一故。知恶便当实行去恶，方是知行合一，方算不自欺。

　　问知行合一，曰："天下只有个知，不行不足谓之知，知行有本体有功夫，如眼见得是知。然已是见了即是行；耳闻得是知，然已是闻了即是行，要之只此一个知，已自尽了。孟子说孩提之童无不知爱其亲，及其长无不知敬其兄，止曰'知'而已。知便能了，更不消说能爱、能敬。本体原是合一，先师因后儒分为两事，不得已说个合一。知非见解之谓，行非履蹈之谓，只从一念上取证，知之真切笃实即是行，行之明觉精察即是知。'知行'两字，皆指功夫而言，亦原是合一的，非故为立说，以强人之信也。"（王龙溪）

启超谨案：龙溪此言引申阳明知行合一之旨，最是明晰。后儒解释甚多，都不外此。今不具引。

启超又案：泰西古代之梭格拉第，近世之康德、比圭黎（或译作黑智儿），皆以知行合一为教，与阳明枹鼓相应，若合符契。陆子所谓东海西海有圣人出焉，此心同也，此理同也，岂不然哉？此义真是单刀直入，一棒一条痕，一掴一掌血，使伪善者无一缝可以躲闪。夫曰天下只有一个知，不行不足谓之知，不行既不足谓之知，则虽谓天下只有一个行可也，此合一之旨也。试以当今通行语解之，今与人言爱国也，言合群也，彼则曰吾既已知之矣，非唯知之，而且彼亦与人言之，若不胜其激昂慷慨也。而激昂慷慨之外，则无余事矣。一若以为吾有此一知，而吾之责任皆已尽矣，是何异曰：识得孝字之点画，则已为孝子；识得忠字之点画，则已为忠臣也。就阳明先生观之，则亦其人未尝有知而已。然使其果纯为未尝有知也，则犹有冀焉。冀其一知而即行也。若知而不行，则无冀焉矣。抑天下只有知而不行之人，断无纯然未尝有知之人。何以故？知无不良故。虽极不孝之子，其良知未尝不知孝之可贵；虽极不忠之臣，其良知未尝不知忠之可贵。而今世之坐视国难、败坏公德者，其良知未尝不知爱国合群之可贵。知其可贵而犹尔尔者，则亦不肯从事于致之之功而已。有良知而不肯从事于致之之功，是欺其良知也。质而言之，则伪而已矣！人而至于伪，乃小人而无忌惮也。阳明先生必提挈知行合一，以为致良知之注脚，为此也夫！为此也夫！

启超又案：既明知行合一之义，即非徒识良知之原理，且能知良知之应用。而所谓致良知之学，非徒独善其身，迂阔而不足以救世变者，甚明矣。今更举子王子之语以证之。

良知之教入圣之路

须首重良知①

今天讲"陆王学派与青年修养"，这个题目好像不识时务。尤其现在经济状况、社会情形正在混乱突变，还拿起几百年前道学先生的话来翻腾，岂不太可笑吗？但是我们想想，修养功夫，是否含有时代性？是否在某时代为必要，在某时代便不必要？我们生在世上几十年，最少也须求自己身心得一个安顿处，不然，单是饥则求食，劳则求息，蠕蠕噩噩和动物一般，则生活还有什么意味？什么价值？或者感觉稍锐敏一点，便终日受环境的压迫，陷于烦恼苦闷，结果堕落下去，那更是"天之戮民"了。所以我们单为自己打算，已经不容缺乏修养功夫，其理甚明。况且一个人总不是做自了汉可以得了的，"四海变秋气，一室难为春"，我们无论为公为私，都有献身出来替社会做事的必要。尤其在时局

----

① 本文节选自《陆王学派与青年修养》，为梁启超1927年2月5日在司法储才馆的讲演稿。

万分艰难的中国今日，正靠后起的青年开拓一个新局面出来，青年们不负这责任，谁来负呢？但是我们想替社会做事，自己须先预备一副本钱，所谓本钱者，不但在书本上得些断片知识，在人情交际上得些小巧的伎俩，便可济事，须是磨炼出强健的心力，不为风波所摇；须是养成崇高的人格，不为毒菌所腐。这种精神，不是一时作得到的。古今中外的伟大人物，或者虽不十分伟大而能成就一部事业的人，都不是一蹴侥幸成功的。在他事业未成功以前，"扎硬寨，打死仗"，孜孜矻矻，锲而不舍，不知作了几多狠苦的预备功夫。待到一旦临大事，好整以暇，游刃有余，不过将修养所得的表现出来罢了。同学们须知读书的时候，就是修养的时候，能一面注重书本子上学问，一面从事人格修养，进德修业，双方并进，这就是将来成就伟大事业的准备。所以我个人认为青年有修养的必要。

以上是说修养的必要，现在接着说修养的方法，究竟要用什么方法，才可达到修养的目的呢？古今中外的学者、祖师一所讲求的法门甚多，今择要述之：

（一）宗教的。宗教家常悬一超人的鹄的——无论天也可，神也可，上帝也可，由此产生出来道德规律，便拿来当他自己作事的标准。不能说它没有功效，不过这种方法，比较行于没有十分开化的民族和稍为脑筋简单的人，足以帮助他的修养。因为这种方法，完全靠他力的，不是靠自力的。例如信仰基督教的人，只要崇拜基督，便以为能赎我罪尤；信仰佛教净土宗的人，只要口诵"阿弥陀佛"，便以为能解脱身心。流弊所至，自己的觉性反受他力压抑，不能自由发展了。

（二）玄学的。玄学的修养法，要脱离名相，得到人以外高深哲理的人生观，来作自己安心的归宿。它的好处，自力甚强，独往独来，当然比宗教全靠他力自由得多。但它的弊病，离名相过远，结果变成高等娱乐品，不切于实际，非具特别智慧，对哲理有特别兴趣的，不容易领悟，往往陷于空中楼阁、虚无缥缈的境界。虽说是满腹玄理，足供谈资，亦等于看菜单而忘烹调，读书谱而废临池，自己终究不能受用的。

（三）礼法的。礼法的，一可云是"礼文的"——"礼节的"，换言之，就是形式上检束身心的方法。在消极方面，本"君子怀刑"的观念，凡国法和礼教上不允许的，就绝对地不肯尝试；在积极方面，礼与法所允许的，便常常从事训练，一言一动，务期造成轨范。这是它的优点，但它的弊病：（1）偏于形式。礼法禁止的行为，均须表现出来，礼法才有制裁的力量：其内心思想，无论坏到怎样，法官虽高明，固然不能照烛，就是礼教的范围和力量稍大，也仍然是达不到的，不过形貌恭敬罢了。（2）病于琐碎。无论什么事，须得到一个概念，若网在纲，如挈裘领，然后才能究源竟委，循序渐进；若只一枝一节地来寻解决，便永久得不着一个把柄。

以上三种，都不是良好的方法，不能使人们得到修养的效果。我们生在这个变动社会，镇日忙碌，精神烦闷，不但宗教的、玄学的，不能适用，就是礼法的修养方法，繁文缛节，病于琐碎，亦易令人厌倦，故不能不选择一最简捷的方法。这种方法的条件：第一要切实，能在我最忙的时间——学问上或者是职务上——不相妨害，仍能不断地作修养功夫；第二须得其要领，好比运用大机器一样，只要得着它的原动力，便全部都转动起来了，不是头痛医头、脚痛医脚的方法；第三要自动的，不靠人，也不靠着人以外的他种力量。能具备以上三种条件的，古今中外的伟人都有，或者宗教家、哲学家亦复不少。不过，依我个人用功实验的结果，觉得对于现在一般青年的修养，最稳当、最简捷、最易收效果的，当以陆王一派的学问为最适合。对于这派的学术，以后有机会，当详细讨论，今天先将它修养的要点讲一讲。我把它暂分为四点，分述于下：

（一）致良知。"致良知"这句话，是王阳明提出来的。陆象山虽有这种意思，却未明白说出"致良知"

三字来，象山说法，仍旧本着孟子的"求放心"。"求放心"这句话，前人解释"放"字，如放风筝一样，放了出去，再收回来，这是不对的。其实"放"字，就是失去本来良心的意思，换言之，就是为气禀所拘，人欲所蔽，失去本然之善。"求放心"，就是意图恢复已失去的良心。阳明"致良知"三字，便觉明显得多。

阳明尝诏告弟子说，你一点良知，即是你的明师。是便知是，非便知非，一毫昧他不得。良心命令你的行为，不会错的，云云。他的意思就是说，良心像明师一样，是与非，辨之最清，良心命令你要作便作，不作便不作，决计不会错的。近世德哲学家康德（kant）亦曾说过："服从良心第一个命令。"因为第一个命令是真觉，最明显不过的。这话完全与陆王旨趣相符合，所谓东海有圣人，南海有圣人，此心同，此理同。"致良知"的"致"字，系动词，含有功夫，与普通致书某君之"致"同意。"致良知"，就是推致良知于事事物物，好比诸君将来作司法官，如何裁判始能尽善？这便是把我的良心推致到人的身上或事物上面去的一个实例。"良心"在人身，犹"舟之有舵"。舟有舵，所以便移转，如遇暴风骇浪，不会把舵，或者是无舵，那船非沉不可。良知如舵，致良知，就是把舵。吾人每日作事，常常提醒此心，恰如操舟者全副精神注重管舵。

良心与生俱来，人人都有，不常用则驰骛飞扬，莫知所届，犹之舟子之舵，不常用则把不定。所以陆王诏人说："良心就是你的明师。"每日遇事到面前便问他，久之自不费力。如舟子之于舵，天天训练，平时固毫不费力，纵遇大风骇浪，稍用点心，亦可过去。总之陆王方法，不必靠宗教、玄学、礼法等，只靠这点觉性，训练纯熟，平时言行，固从容中道；纵遇重大的困难的大事临头，随便提一提，也可因物付物，动定咸宜。这方法最简捷，上自大圣大贤，下至妇女孩提，不用抛弃他种事业，都可适用。什么专靠书本子上"多识前言往行，以蓄其德"，什么"礼仪三百，威仪三千"的繁文缛节，都是比不上的，这是陆王学派第一个美点。

（二）重实验。"致良知"，似乎纯属主观的，怎么又说到重实验的客观方面去呢？这不是自相矛盾吗？其实不然。陆王的意思，以为事之应作，要问良知；究要如何作法，如何推之于人而顺，全验诸客观的实际。表面虽似相反，结果全然一贯。陆子静与兄子渊别后相见，兄问数年学问，从何处下手？何处致力？子静答云：专从人情事变上下手。这便是陆学注重实验的铁证。考陆氏本是大家庭，并且数代同居，管理家务是轮流的。他说他学问进步最猛烈，就是在二十三岁管理家务的时候，因为这时有机会把良心推致到事实上去。我们要知道，知与行有最密切的关系。譬如由北京到上海，须先定一观念。究应怎样去法，心中常有两种辩论，一说往南，一说往北，未实行时可以并存的。待到实行时，非实在详细打听明白，终没有达到上海的一日，徒然看路程表是不中用的。又如听人说，东兴楼菜好，在未尝过以前，纵然下形容词，说它怎样甘美可口，终于隔靴搔痒，与自己不相干，必待亲自吃过，然后才能真正知道。所以阳明主张"知行合一"，尝曰"知是行之始，行是知之终"，又曰"知而不行，知如未知"。陆王这派学说，虽然对于书本子上学问，不十分攻击，但总视为第二层学问。他们的意思，要在实际上作去，凡一言一动，能把自己的良心运用到上面去，就无往而非学问。我们天天在讲堂听讲，固为学问；就是在课外听讲作事，一举动，均合于条理，更是紧要的学问。若徒知在讲堂上上课，那便等于看路程表和批评菜单子了。我们未研究陆王以前，以为他们学问，全是主观的，哪知道他们推致良知到事事物物上去，完全属于客观的。陆子以管家进学，已以上述；再来看看王子，他的军事上、政治上的事业，只要有一件，都足成为伟大人物永垂不朽。奇怪得很，我们现在只知他为一大学者，军事、政治反为学问所掩，这是什么缘故呢？因为他的军事、政治，都是从学问中发出来，同时他的学问，亦因经军事、政治的训练而益进步。他的军略、政略，就他平宸濠一事，便可看得出来。宸濠为明室王子，谋覆明社，已有数年预备，详密布置。阳明无官守，无人责，上书讨贼，谈笑之顷，三星期削平大难，这是何等神勇！削平以后，太监嫉功妒能，仍促御驾亲征，并且要他将宸濠放出。他看出此中症结，便把宸濠解交太监，功成不居，以泯猜忌。这时皇帝仍要到江南，所带北兵，云集南昌，他用种种方法供给，使南北军不相冲突。又百般用方法激动北军，到岁暮除夕时，令市民作歌谣唱戏，使兵士动思归之念，于是北兵始撤去。统观这事的首尾，初宸濠胁迫他，他不但不附和，反兴师致讨，这是良心命令他作的；旋交宸濠于太监以泯猜忌，也是良心命令他作的：北兵驻南昌，苦吾民，设法促归，也是良心命令他作的。良心作用之妙，真是不可思议。阳明之学，首重良知，一遇困难问题，更借此机会，训练思想，直作下去。一面虽似主观；一面则条理细密，手腕灵敏，又完全属客观的。虽用权术，好比医生对病人说谎一样（说谎为极不道德之事，医生对病人说谎，目的在医病，故为良心所许可）也是良心命令所许可的。为达良好目的而用手段，这手段毕竟是善的。由此足以证明致良知与重实验丝毫不相冲突的。

（三）非功利。西洋科学，重实验，近功利；陆王学派，既重实验，当然也不能逃此窠臼，怎么又说非功利呢？但是陆王不是绝对不要利益、不要事功，不过以自己个人为本位的毁誉、得失、利害等物，陆王是绝对反对的。陆子在白鹿洞书院讲"君子喻义小人喻利"章，不但听众感动，就是朱子（也）大为感动，当时便把讲义写出来刻在书院壁上。他讲的大意：谓"利"是以自己为本位的，凡专为自己打算，不但贪财好色要不得，就是学问文章、虚荣利禄等，也都要不得的。反复推阐，为拔本塞源之论。若不澄清源头，读书多固坏，才具大更坏。譬如现在军阀，无论北也好，南也好，如果他不为自己利益、虚名，专替社会国家谋利益，那么国家便可立致太平；若专为自己打算，我希望他读书少点，才具小点才好，否则读书愈多，谈什么问题、什么主义，则为恶之本领越大，将祸国不知伊于胡底了！犹之农夫种田，种的是稻和麦，灌溉培养，可成嘉禾；如种的是莠类，加肥料，勤耕耘，所收获终为莠类。前贤说得好："种瓜得瓜，种豆得豆"，这是丝毫不爽的。所以陆王主张澄清本源，然后再作学问才好。一方面与西洋实验派相近，一方面又主张非功利，这是有西洋学派之长而无其短的明征。

（四）求自由。非功利，"无我"，似乎专于为人。孰知却又不然。可以说，完全是为自己——是为自己求得绝对的自由，不过非一般人所谓自私自利罢了。也可以说，一般人不善自私自利，陆王乃知大自私自利的。孔子曰："克己复礼"，又曰："古之学者为己。"这两句话，表面看来，显然是矛盾的，其实严格解释起来，仍然是一贯的。一日阳明弟子问曰：弟子只知躯壳的小己，不知精神的大己。阳明诘之，复曰："口要食美味，目要看好色。"故云："躯壳是不是自己？食为舌，舌是不是自己的？"凡食一物，口中觉得滋味很好，如良心以为不应该吃，这时谁的痛苦大？对得住口，不过几秒钟的快乐，对不住良心，是永久的痛苦。双方打算，还是对得住良心的好！所以我们良心，要不受束缚，要求得绝对的自由。但良心自由，是不容易得到的。身体受束缚，可由外力代为解放，如美国黑奴，有林肯来替他解放。我自己的精神，作了自己躯壳的奴隶，非自己解放自己，就一天到晚，一生到老，都在痛苦之中，莫由自拔。陆王学派，就是从沉沦苦海里自救出来，对内求良心绝对自由，不作躯壳的奴隶；对外不受环境的压迫和恶化，无论环境如何引诱，总持以宁静淡泊，寂然不动。因为得利绝对自由，所以同时也得到绝对的快乐。孟子曰："死亦我所恶，所恶有甚于死者。"譬如一碗饭，得之则生，弗得则死，但是有时候权衡轻重，死比食还要快活，这时就不能不死。我们看看明末死节诸臣，是何等从容自得！那些苟全性命的，人家对他批评怎样，姑且不问，我看他们精神上真不知受了怎样的痛苦！如钱牧斋、吴梅村者流，便是一个适例。这种大不自由，就功利方面计算起来，未免太不经济。横竖早晚都是死，何必苟活几年，甘受精神上的痛苦呢？所以陆王一派学者，不作自己奴隶，不受环境压迫，结果得到大自在、大安乐，独往独来。此心常放在极逍遥安乐地方，生固快活，死亦安慰，生死无所容心，抑何往而不自得；以此证明孔子克己、为己之说，不但不相冲突，并且彼此相得益彰。这是陆王给我们修养上最简捷、最完美的方法。我不敢说我在东兴楼吃过一回菜，不过在旁边尝一尝它的滋味罢了，希望我们同学大家努力尝尝这个滋味才好！

须有个头脑①

爱曰："如事父一事，其间温凊定省之类，有许多节目，亦须讲求否？"曰："如何不讲求？只是有个头脑，只就此心去人欲存天理上讲求。如讲求冬温，也只是要尽此心之孝，恐怕有一毫人欲间杂；讲求夏凊，也只要尽此心之孝，恐怕有一毫人欲间杂。此心若无人欲，纯是天理，是个诚于孝亲之心，冬时自然思量父母寒，自去求温的道理；夏时自然思量父母热，自去求凊的道理。"（《传习录》）

启超谨案：此言为道与为学，两不相妨也。为道日损，故此心不许有一毫人欲间杂；为学日益，故讲求许多条理节目。然既有日损之道，则日益之学，乃正所以为此道之应用也。且既有日损之道，自不得不生出日益之学以为之应用也。如诚有爱国之心，自能思量某种某

---

① 本文节选自梁启超《德育鉴》。

种科学，是国家不可缺的，自不得不去研究之。又能思量某种某种事项，是国家必当行的，自不得不去调查之。研究也调查也，皆从爱国心之一源所流出也。故曰：如何不讲求也？但吾之所以研究此调查此，必须全出于爱国之一目的，不可别有所为而为之。苟别有所为而为之，则是人欲间杂也。故曰：须有个头脑也。由是言之，讲王学与谈时务，果相妨乎？

只要良知真切，虽做举业，不为心累……任他读书，亦只是调摄此心而已，何累之有？（《传习录》）

启超谨案：程子言举业不患妨功，唯患夺志。王子此言，正本于彼。夫学至举业，可谓污贱矣。然苟良知真切，犹不为心累。然则日日入学校习科学，更何能累之有？故世有以讲道学为妨科学，而因以废道学者，可以前条正之。又或以讲科学为妨道学，而因以废科学者，可以本条正之。但唯患夺志一语，最当注意。刻刻在学校习科学，刻刻提醒良知，一丝不放过，此学之要也。

良知明白，随你去静处体悟也好，随你去事上磨炼也好。（《传习录》）

须在事上磨炼，做功夫乃有益。若只好静，遇事便乱……那静时功夫亦差，似收敛而实放溺也。（《传习录》）

启超谨案：事上磨炼功夫，亦是王子立教一要点，益可见致良知非以独善其身也。

须兼济天下①

　　道固自在，学亦自在。天下信之不为多，一人信之不为少者，斯固君子"不见是而无闷"之心，岂世之谍谍屑屑者知足以及之乎？乃仆之情，则有大不得已者存乎其间，而非以计人之信与不信也。

　　夫人者，天地之心，天地万物，本吾一体者也。生民之困苦荼毒，孰非疾痛之切于吾身者乎？不知吾身之疾痛，无是非之心者也。是非之心，不虑而知，不学而能，所谓"良知"也。良知之在人心，无间于圣愚，天下古今之所同也。世之君子，唯务致其良知，则自能公是非，同好恶，视人犹己，视国犹家，而以天地万物为一体，求天下无治不可得矣。古之人所以能见善不啻若己出，见恶不啻若己入，视民之饥溺，犹己之饥溺，而一夫不

---

①　本文节选自梁启超《德育鉴》。

获，若己推而纳诸沟中者，非故为是而以蕲天下之信己也，务致其良知求自慊而已矣。……

后世良知之学不明，天下之人用其私智以相比轧，是以人各有心，而偏琐僻陋之见，狡伪阴邪之术，至于不可胜说。外假仁义之名，而内以行其自私自利之实，诡辞以阿俗，矫行以干誉。掩人之善而袭以为己长，讦人之私而窃以为己直。忿以相胜，而犹谓之徇义，险以相倾，而犹谓之疾恶。妒贤忌能，而犹自以为公是非，恣情纵欲，而犹自以为同好恶。相陵相贼，自其一家骨肉之亲，已不能无尔我胜负之意，彼此藩篱之形，而况于天下之大，民物之众，又何能一体而视之？则无怪于纷纷藉藉而祸乱相寻于无穷矣。

仆诚赖天之灵，偶有见于良知之学，以为必由此而后天下可得而治。是以每念斯民之陷溺，则为之戚然痛心，忘其身之不肖，而思以此救之，亦不自知其量者。天下之人见其若是，遂相与非笑而诋斥之，以为是病狂丧心之人耳。呜呼！是奚足恤哉！吾方疾痛之切体，而暇计人之非笑呼？人固有见其父子兄弟之坠溺于深渊者，呼号匍匐，裸跣颠顿，扳悬崖壁而下拯之。士之见者，方相与揖让谈笑于其傍，以为是弃其礼貌衣冠而呼号颠顿若此，是病狂丧心者也。故夫揖让谈笑于溺人之傍而不知救，此唯行路之人，无亲戚骨肉之情者能之。然已谓之无恻隐之心，非人矣。若夫在父子兄弟之爱者，则固未有不痛心疾首，狂奔尽气，匍匐而拯之，彼将陷溺之祸而不顾，而况于病狂丧心之讥乎？而又况于蕲人信与不信乎？呜呼！今之人虽谓仆为病狂丧心之人，亦无不可矣。天下之人，皆吾之心也。天下之人犹有病狂者矣，吾安得而非病狂乎？犹有丧心者矣，吾安得而非丧心乎？

昔者孔子之在当时，有议其为谄者，有讥其为佞者……则当时之不信夫子者，岂特十之二三而已乎？然而夫子汲汲遑遑，若求亡子于道路，而不暇于暖席者，宁以蕲人之知我、信我而已哉？盖其天地万物一体之仁，疾痛迫切，虽欲已之而自有所不容已。……若其"遁世无闷""乐天知命"者，则固"无入而不自得""道并行而不相悖"也。

仆之不肖，何敢以夫子之道为己任？顾其心亦已稍知疾痛之在身，是以彷徨四顾，将求其有助于我者，相与讲去其病耳。今诚得豪杰同志之士，扶持匡翼，共明良知之学于天下，使天下之人，皆知自致其良知，以相安相养，去其自私自利之蔽，一洗谗妒胜

忿之习，以济于大同。则仆之狂病固将脱然以愈，而终免于丧心之患矣。（《答聂文蔚书》）

启超谨案：此阳明先生与聂双江书也（双江，王门龙象，与钱绪山、王龙溪、王心斋、邹东廓齐名）。字字是血，语语是泪。读之而不愤不悱者，非人矣。观此则知王学绝非独善其身之学，而救时良药未有切于是者。阳明先生之心，犹孔子释迦基督之心也。其言犹孔子释迦基督之言也。以为非以此易天下之人心，则天下终不得而理也。其一片恳切诚意，溢于言表，不啻提我辈之耳，而命之也。我辈虽听之藐藐，或腹诽而面诋之，先生唯有哀矜而无愤怒也。虽然我辈不幸而不闻先生之言，则亦已耳。既已闻之，而犹不肯志先生之所志，学先生之所学，是自暴自弃也。自暴者，不可与有言也；自弃者，不可与有为也。今试问举国之人，苟皆如先生所谓用其私智以相比轧，假名以行其自私自利之习，乃至于其所最亲近而相凌相贼者。苟长若是，而吾国之前途，尚可问乎？夫年来诸所谓爱国合群之口头禅，人人能道，而于国事丝毫无补者，正坐是耳。《记》曰："不诚无物。"又曰："至诚而不动者未之有也。"不诚未有能动者也。然则今日有志之士，唯有奉阳明先生为严师，刻刻以不欺良知一语，自勘其心髓之微。不宁唯是，且日以之责善于友朋，相与讲明此学以易天下，持此为矩，然后一切节目时变出焉。此矩不逾，则其所以救国者，无论宗旨如何，手段如何，皆百虑而一致，殊途而同归也。而不然者，则既不诚无物，一切宗旨手段，皆安所丽？所谓闲说话而已。欧美诸国，皆以景教为维系人心之的。日本则佛教最有力焉，而其维新以前所公认为造时势之豪杰，若中江藤树，若熊泽蕃山，若大盐后素，若吉田松阴，若西乡南洲，皆以王学式后辈。至今彼军人社会中，犹以王学为一种之信仰。夫日本军人之价值，既已为世界所共推矣，而岂知其一点之精神教育，实我子王子赐之也。我辈今日求精神教育，舍此更有何物？抛却自家无尽藏，沿门托钵效贫儿，哀哉！

启超又案：子王子欲以致良知之义易天下之人心，似此究属可能之事耶？抑不可能之事耶？此实一疑问也。难者曰：世界之所以进化，皆由人类之争自存。质而言之，则自私自利者，实人类所以自存之一要素也。今如子王子言，欲使天下之人皆自致其良知，去其自私自利，以跻于大同。其意固甚美，然我如是而人未必如是，我退而人进，恐其遂为人弱也。是所谓消极的道德，而非积极的道德也。应之曰：不然，无论功利主义，不足为道德之极则也。即以功利主义论，而其所谓利者，必利于大我而后为真利。苟知有小我而不知有大我，则所谓利者，非利而恒为害也。而此大我之范围，有广狭焉。以一家对一身，则一家为大我；以一地方对一家，则一地方为大我；以一民族一国家对一地方，则民族国家为大我。如是者，其级累说不能尽，而此牺牲小我以顾全大我之一念，即所以去其自私自利之蔽，而跻于大同之券也。质而言之，则曰公利而已，曰公德而已。子王子所欲以易天下者，即是物也。而天演界争自存之理，亦岂能外是也？难者又曰：以子王子之魄力，终身提倡此义，而当时之人心，不闻其缘此而遽易。此可见其道至逆，而非可以达于天下也。应之曰：此其事之难，不俟论也。然乌可以难焉而已也？自古一代之学风，恒不过有力者数人倡之焉尔。而影响所及，其泽不斩者或数十年百年。曾文正之论人才，言之既博深切明矣（见《曾文正文集》）。亦安见其不能易也？《诗》曰："鼓钟于宫，声闻于外。"亦在有志者之自振而已。

启超谨案：阳明先生提"致良知"三字为学鹄，本是彻上彻下功夫，当下具足，毫无流弊。唯先生没后，门下提挈本体，未免偏重。末学承流，辗转失真。甚或贪易畏难，高语证悟。而关于修持，则又仅言良知。而"致"之一字，几成赘疣者。先生尝言依着良知做去，彼辈则依着良知而不做者也，是又先生所谓不行不得谓之知而已。故逮乎晚明，刘蕺山专标慎独以救王学末流，其功洵不在阳明下，然倡慎独非自蕺山始。今更述诸哲之学说以演此义，其亦本之本、原之原也欤。

须事上磨炼①

　　有问钱绪山曰："阳明先生择才，始终得其用，何术而能然？"绪山曰："吾师用人，不专取其才，而先信其心。其心可托，其才自为我用。世人喜用人之才，而不察其心，其才止足以自利其身已矣，故无成功。"愚谓此言是用才之诀也。然人之心地不明，如何察得人心术？人不患无才，识进则才进，不患无量，见大则量大，皆得之于学也。（高景逸）

启超谨案：此言用才之诀与鉴心之术，最为博深切明。

　　学者静中既得力，又有一段读书之功，自然遇

---

① 本文节选自梁启超《德育鉴》。

事能应。若静中不得力，所读之书，又只是章句而已，则且教之就事上磨炼去。自寻常衣食以外，感应酬酢，莫非事也。其间千万变化，不可端倪，而一一取裁于心，如权度之待物然。权度虽在我，而轻重长短之形，仍听之于物，我无与焉，所以情顺万事而无情也。故事无大小，皆有理存，劈头判个是与非。见得是处，断然如此，虽鬼神不避；见得非处，断然不如此，虽千驷万钟不回。又于其中条分缕析，铢铢两两，辨个是中之非，非中之是，似是之非，似非之是。从此下手，沛然不疑，所行动有成绩。又凡事有先着，当图难于易，为大于细。有要着，一着胜人千万着；失此不着，满盘败局。又有先后着，如低棋以后着为先着，多是见小欲速之病。又有了着，恐事至八九分，便放手，终成决裂也。盖见得是非后，又当计成败，如此方是有用学问。世有学人，居恒谈道理井井，才与言世务便疏。试之以事，或一筹莫展。这疏与拙，正是此心受病处，非关才具。谚云："经一跌，长一识。"且须熟察此心受病之原，果在何处，因痛与之克治去，从此再不犯跌，庶有长进。学者遇事不能应，只有练练心法，更无练事法。练心之法，大要只是

胸中无一事而已。无一事乃能事事，便是主静功夫得力处。（刘蕺山）

启超谨案：阳明先生教学者，每多言事上磨炼功夫，蕺山此文即其解释也。董子曰："正其谊不谋其利，明其道不计其功。"此语每为近世功利派所诟病，得此文救止之，庶可以无贻口实矣。凡任事之成功者，莫要于自信之力与鉴别之识。无自信之力，则主见游移。虽有十分才具，不能得五分之用。若能于良知之教受用得亲切，则如蕺山所云。见得是处，断然如此；见得非处，断然不如此。外境界一切小小利害，风吹草动，曾不足以芥蒂于其胸，则自信力之强，莫与京矣！无鉴别之识，则其所以自信者，或非其所可信，然此识决非能于应事之际得之，而必须应事之前养之。世之论者每谓阅历多则识见必增，此固然也。然知其一而未知其二也，如镜然，其所以照物而无遁形者，非恃其所照物之多而已，必其有本体之明以为之原。若昏霾之镜，虽日照百物，其形相之不确实如故也。蕺山所谓"遇事不能应，只有练心法，更无练事法"，可谓一针见血之言也。

又谓："大抵圣贤学问，从自己起见；豪杰建立事业，则从勋名起见。无名心，恐事业亦不成。"先生曰："不要错看了豪杰，古人一言一动，凡可信之当时，传之后世者，莫不有一段真至精神在内。此一段精神，所谓诚也。惟诚，故能建立，故足不朽。稍涉名心，便是虚假，便是不诚。不诚，则无物，何从生出事业来？"（刘蕺山）

启超谨案：此言真乃勘析入微，我辈所当常目在之也。名誉心本是导人奋发卓立之一法门，但所谓名誉心者，与好名自有大别。如战国时之武士，苟有损其勇名，则宁以身殉之。所谓宁牺牲生命，毋牺牲名誉。此即所谓名誉心也。今日本此风特盛，西人亦多有之，孔子所谓知耻近乎勇也。若乃好名者则异是，彼其最终之目的则利益，而名誉不过间接之目的而已。一旦名誉与利益不能两存，则彼所愿牺牲者，于彼乎？于此乎！利益且然，遑论生命。此安可目之曰名誉心也？蕺山所谓从来豪杰能成一事业，莫不有一段真至精神在内，可谓千古名言。西人所谓烟士披里纯也，其志愿注此一事，目非是无见，耳非是无闻，心非是无虑。举人间世最可歆羡之事，不足以易其志；举人间世最困危之事，不足以夺其志。夫是以诚而能动也，而不然者，而谓能生出事业来，未之有闻也。蕺山曰：这会若为名而起，则率天下为乱贼者，皆吾辈倡之。今日之会亦多矣，倡焉者与从焉者，其亦于此一勘焉否也。更申言之，则专问其无所为而为，抑有所为而为已耳！

上曰："国家败坏已极，如何整顿？"先生对："近来持论者，但论才望，不论操守。不知天下真才望，出于天下真操守。自古未有操守不谨，而遇事敢前者；亦未有操守不谨，而军士畏威者。"上曰："济变之日，先才而后守。"先生对："以济变言，愈宜先守，即如范志完操守不谨，用贿补官，所以三军解体，莫肯用命。由此观之，岂不信以操守为主乎？"上始色解。（刘蕺山）

启超谨案：孔子思狂狷，狷者有所不为。白沙言学者须有廉隅墙壁，方能任得天下事。今日所谓才智之士，正患在破弃廉隅墙壁，无所不为。蕺山之药，用以济今日之变，其尤适也。

"动静"二字，不能打合，如何言学？阳明在军中，一面讲学，一面应酬军务，纤毫不乱，此时动静是一是二？（刘蕺山）

启超谨案：高景逸云："静有定力，则我能制事，毋令事制我。阳明所以能一面讲学一面治军者，皆能不见制于事而已。"

须诚心实意①

先师讲学山中，一人资性警敏；先生漫然视之，屡问而不答；一人不顾非毁，见恶于乡党，先师与之语，竟日忘倦。某疑而问焉，先师曰："某也资虽警敏，世情机心，不肯放舍，使不闻学，犹有败露悔改之时，若又使之有闻，见解愈多，趋避愈巧，覆藏愈密，一切圆融智虑，为恶不可复悛矣。某也原是有力量之人，一时狂心销过不下，今既知悔，移此力量为善，何事不辨？此待两人所以异也。"（王龙溪）

孟源有自是好名之病，先生喻之曰："此是汝一生大病根。譬如方丈地内，种此一大树，雨露之滋，土脉之力，只滋养得这个大根。四旁纵要种些嘉谷，上被此树遮覆，下被此树盘结，如何生长得

---

① 本文节选自梁启超《德育鉴》。

成？须是伐去此树，纤根勿留，方可种植嘉种。不然，任汝耕耘培壅，只滋养得此根。"（《传习录》）

启超谨案：象山所谓田地不洁净，则读书为藉寇兵、资盗粮；阳明所谓投衣食于波涛，只重其溺。以此二条参证之，更为博深切明。盖学问为滋养品，而滋养得病根，则诚不如不滋养之为愈。趋避巧而覆藏密，皆非有学问者不能，然则学问果藉寇兵、资盗粮也。近世智育与德育不两立，皆此之由。

圣人之学，日远日晦，而功利之习，愈趋愈下。其间虽尝瞀惑于佛老，而佛老之说，卒亦未能有以胜其功利之心。虽又尝折衷于群儒，而群儒之论，终亦未能有以破其功利之见。盖至于今，功利之毒，沦浃于人之心髓，而习以成性者，几千年矣。相矜以知，相轧以势，相争以利，相高以技能，相取以声誉……记诵之广，适以长其敖也；知识之多，适以行其恶也；闻见之博，适以肆其辨也；辞章之富，适以饰其伪也。是以皋、夔、稷、契所不能兼之事，而今之初学小生，皆欲通其说究其术。其称名僭号，未尝不曰：吾欲以共成天下之务，而其诚心实意之所在，以为不如是，则无以济其私而满其欲也。呜呼！以若是之积染，以若是之心志，而又讲之以若是之学术，宜其闻吾圣人之教，而视之以为赘疣枘凿，则其以良知为未足，而谓圣人之学为无所用，亦其势有所必至矣！（《传习录》）

启超谨案：王子此言，何其淋漓沉痛，一至于是！读之而不羞恶、怵惕、创艾、奋发者，必其已即于禽兽者也！其所谓称名借号曰吾欲以共成天下之务，而诚心实意乃以济其私而满其欲，吾辈不可不当下反观，严自鞫讯曰：若某者，其能免于王子之所诃乎？若有一毫未能自信也，则吾之堕落，可计日而待也！夫以王子之时，犹曰此毒沦浃心髓，既已千年，试问今之社会，视前明之社会何如？前明讲学之风遍天下，缙绅之士，日以此义相激励，而犹且若是，况于有清数百年来，学者公然以理学为仇敌，以名节为赘疣。及至今日，而翻译不真首尾不具之新学说掺入之，我辈生此间，其自立之难，视王子时又十倍焉。非大豪杰之士，其安能脱此罗网，以自淑而淑世耶？

妄意于此，二十余年矣！亦尝自矢以为吾之于

141

世，无所厚取，"自欺"二字，或者不至如人之甚。而两年以来，稍加惩艾，则见为吾之所安而不惧者，正世之所谓大欺。而所指以为可恶而可耻者，皆吾之处心积虑。阴托之命，而恃以终身者也。其使吾之安而不惧者，乃先儒论说之余，而冒以自足。以知解为智，以意气为能，而处心积虑于可耻可恶之物，则知解之所不及，意气之所不行。觉其缺漏，则蒙以一说；欲其宛转，则加以众证。先儒论说愈多，而吾之所安日密，譬之方技俱通，而痿痹不恤，搔爬能周，而痛痒未知，甘心于服鸩，而自以为神剂。如此者不知日月几矣。呜呼！以是为学，虽日有闻，时有习，明师临之，良友辅之，犹恐成其私也。况于日之所闻，时之所习，出入于世俗之内，而又无明师良友之益，其能免于前病乎？夫所安者在此，则惟恐人或我窥，所蒙者在彼，则惟恐人不我与。托命既坚，固难于拔除；用力已深，益巧于藏伏。于是毁誉得失之际，始不能不用其情。此其触机而动，缘衅而起，乃余症标见。所谓已病不治者也，且以随用随足之体，而寄寓于他人口吻之间；以不加不损之真，而贪窃于古人唾弃之秽。至乐不寻，而伺人之颜色以为欣戚；大宝不惜，而冀时之取予以为歉盈。如失路人之志

归，如丧家子之丐食，流离奔逐，至死不休，孟子
之所谓哀哉！（罗念庵）

启超谨案：念庵先生者，王门之子路也。王学之光
辉笃实，唯先生是赖。此段自叙用力，几经愤悱，与前
所钞阳明语"学绝道丧之余"一段参观，可见昔贤自律
之严，用功之苦。而所谓打叠田地功夫。真未易做到
也。其所云：觉其缺漏，则蒙以一说；欲其宛转，则加
以众证。托命既坚，固难于拔除；用力已深，益巧于藏
伏。此直是勘心入微处。自讼之功，行之者既寡。即行
矣，而讼而能胜，抑且非易。盖吾方讼时，而彼旧习之
蟠结于吾心者，又常能聘请许多辩护士，为巧说以相荧
也。噫！危哉！

附 录

阳明学派之余波及其修正——黄梨洲[1]

　　凡一个有价值的学派，已经成立而且风行，断无骤然消灭之理，但到了末流，流弊当然相缘而生。继起的人，往往对于该学派内容有所修正，给它一种新生命，然后可以维持于不敝。王学在万历、天启间，几已与禅宗打成一片。东林领袖顾泾阳（宪成）、高景逸（攀龙）提倡格物，以救空谈之弊，算是第一次修正。刘蕺山（宗周）晚出，提倡慎独，以救放纵之弊，算是第二次修正。明清嬗代之际，王门下唯蕺山一派独盛，学风已渐趋健实。清初讲学大师，中州有孙夏峰，关中有李二曲，东南则黄梨洲。三人皆聚集生徒，开堂讲道，其形式与中晚明学者无别。所讲之学，大端皆宗阳明，而各有所修正。三先生在当时学界各占一部分势力，而梨洲影响于后来者尤大。梨洲为清代浙东学派之开创者，其派复衍为二：一为史学，二即王学。而稍晚起者有江

---

① 本文节选自梁启超《中国近三百年学术史》，民志书店1926年版。

右之李穆堂，则王学最后一健将也。今本讲以梨洲为中坚，先以夏峰、二曲，而浙东诸儒及穆堂附焉。清代阳明学之流风余韵，略具于是矣。

孙夏峰，名奇逢，字启泰，号钟元，直隶容城人，生明万历十二年，卒清康熙十四年，年九十二。他在清初诸儒中最为老辈。当顺治元年已经五十五岁了。他在明季以节侠闻。天启间魏阉窃柄，荼毒正人，左光斗、魏大中、周顺昌被诬下狱时，一般人多惧祸引避，夏峰与其友鹿伯顺善继倾身营救，义声动天下。此外替个人急难主持公道，替地方任事开发公益，所做的事很不少。崇祯九年，清师入关大掠，畿辅列城俱陷。他以一诸生督率昆弟亲戚，调和官绅，固守容城。清兵攻之不下而去。其后流寇遍地，人无安枕，他率领子弟门人入易州五公山避乱，远近闻风来依者甚众。他立很简单的规条互相约束，一面修饰武备抵抗寇难，一面从容讲学，养成很健全的风俗。在中国历史上，三国时代田子春以后，夏峰算是第二个人了。鼎革以后，他依旧家居讲学。未几，清廷将畿辅各地圈占，赏给旗员作采地。他的田园庐墓都被占去，举家避地南下。河南辉县之百泉山，即夏峰，亦名苏门山，为宋时邵康节所曾居。他因仰慕昔贤，暂流寓在那里。后来有一位马光裕，把自己的田分送给他，他便在夏峰躬耕终老。所以学者称为夏峰先生。他在明清两代被荐举十数次，屡蒙诏书特征，他始终不出。康熙三年他八十一岁的时候曾有人以文字狱相诬陷。他闻信，从容说道："天下事只论有愧无愧，不论有祸无祸。"即日投呈当局请对簿，后亦无事。他的祖父从阳明高弟邹东廓（守益）受学，他的挚友鹿伯顺又专服膺阳明，所以他的学问自然是得力于阳明者最深。但他并无异同门户之见，对于程、朱、陆、王，各道其长而不讳其短。门人有问晦翁、阳明得失者，他说：

> 门宗分裂（按：此四字疑有误），使人知反而求诸事物之际，晦翁之功也。然晦翁没而天下之实病不可不泄。词章繁兴，使人知反而求诸心性之中，阳明之功也。然阳明没而天下之虚病不可不补。（《夏峰语录》）

又说：

> 诸儒学问，皆有深造自得之处，故其生平各能了当一件大事。虽其间同异纷纭，辩论未已，我辈只宜平心探讨，各取其长，不必代他人争是非求胜负也。一有争是非求胜负之心，却于前人不相干，便是己私，便是浮气……此病关系殊不

小。（同上）

他对于朱王两派之态度，大略如此。他并不是模棱调停，他确见得争辩之无谓，这是他独到之处。但他到底是王学出身，他很相信阳明所谓"朱子晚年定论"，所以他不觉得有大异同可争。

他不像晚明人空谈心性，他是很切实办事的人。观前文所述他生平行事，可见大概了。他很注重文献，著有《理学宗传》二十六卷，记述宋明学术流派；又有《畿辅人物考》《中州人物考》《两大案录》《甲申大难录》《孙文正公年谱》《苏门纪事》等书，皆有价值之史料。

他因为年寿长，资格老，人格又高尚，性情又诚挚，学问又平实，所以同时人没有不景仰他，门生子弟遍天下。遗老如申凫孟（涵光）、王五公（余佑）……，达官如汤孔伯（斌）、魏环极（象枢）、魏石生（裔介）……皆及门受业。乃至乡农贩竖，他都不吝教诲。许多人见他一面，听他几句话，便奋志向上做人。要之，夏峰是一位有肝胆有气骨有才略的人。晚年加以学养，越发形成他的人格之尊严，所以感化力极大，屹然成为北学重镇。

李二曲，名颙，字中孚，陕西盩厔人，生明天启七年，卒清康熙四十四年（1627-1705），年七十九。他是僻远省份绝无师承的一位穷学者。他父亲当兵，死于流寇之难。他幼年穷得没有饭吃，有人劝他母亲把他送到县里当衙役，他母亲不肯，一定要令他读书。几次送他上蒙馆，因为没有钱纳修金，各塾师都不收他。后来好容易认识字，便借书来读，自动地把学问磨炼出来。他学成之后，曾一度到东南无锡、江阴、靖江、武进、宜兴，各处的学者争相请他讲演。在陕境内，富平、华阴，都是他常常设讲之地。康熙初年，陕抚荐他"山林隐逸"，特诏征他，力辞才免。其后又征"博学鸿儒"，地方官强迫起行，他绝粒六日，最后拔刀自刎，才肯饶他。他觉得为虚名所累，从此把门反锁，除顾亭林来访偶一开门外，连子弟也不见面。康熙帝西巡，传旨地方官必要召见他，他叹道：这回真要逼死我了！以废疾坚辞，幸而免。他并不是矫情鸣高，但不肯在清朝做官，是他生平的志气。他四十岁以前，尝著《经世蠡测》《时务急策》《十三经纠缪》《廿一史纠缪》等书，晚年以为这是口耳之学，无当于身心，不复以示人，专以返躬实践、悔过自新为主。所著《四书反身录》，极切实，有益修养。他教学者入手方法，说要"先观象山、慈湖、阳明、白沙之书，以洞斯道大原"。但对于晚明王学家之专好谈玄，却认为不对。他说：

先觉倡道，皆随时补救，正如人之患病受症不同，故投药亦异。晦庵之后，又堕于支离葛藤，故阳明出而救之以致良知，令人当下有得。及其久也，易至于谈本体而略工夫……。今日吾人通病，在于昧义命，鲜羞恶……苟有大君子……志切拯救者，所宜力扶义命，力振廉耻……（《二曲集》卷十《南行述》）

观此，他的讲学精神，大略可见了。他绝对不作性命理气等等哲理谈，一力从切身处逼拶，所以他的感化力入人甚深。他自己拔自疏微，所以他的学风，带有平民的色彩。著有《观感录》一篇，所述皆晚明真儒起自贱业者，内盐丁、樵夫、吏胥、窑匠、商贾、农夫、卖油佣、戍卒、网巾匠各一人。（见《二曲集》卷二十二）

总而论之，夏峰、二曲，都是极结实的王学家。他们倔强坚苦的人格，正孔子所谓"北方之强"。他们的创造力虽不及梨洲、亭林，却给当时学风以一种严肃的鞭辟。说他们是王学后劲，可以当之无愧。

现在要讲清代王学唯一之大师黄梨洲了。

梨洲名宗羲，字太冲，浙江余姚人，生明万历三十八年，卒清康熙三十四年，年八十六。他是王阳明的同里后学。他的父亲忠端公（尊素）是东林名士，为魏阉所害。他少年便倜傥有奇气，常袖长锥，思复父仇。年十九，伏阙上书讼父冤。崇祯初元，魏阉伏诛，他声誉渐高，隐然为东林子弟领袖。然而他从此折节厉学，从刘蕺山游，所得日益深粹。崇祯十七年，北京陷贼，福王立于南京，阉党阮大铖柄政，骤兴党狱，名捕蕺山及许多正人，他也在其列。他避难亡命日本，经长崎达江户（全谢山谓梨洲尝偕冯跻仲乞师日本，误也。他到日本在跻仲前四年）。次年，福王走，南京覆，他和钱忠介（肃乐）起义兵守浙江拒清师，号世忠营。失败后，遁入四明山寨，把余兵交给王完勋（翊），自己跟着鲁王在舟山，和张苍水（煌言）、冯跻仲（京第）等力图匡复，仍常潜行往来内地，有所布置，清廷极畏忌他。他晚年自述说道：

> 自北兵南下，悬书购余者二，名捕者一，守城者一，以谋反告讦者二三，绝气沙墠者一昼夜。其他连染逻哨之所及，无岁无之。可谓濒于十死者矣。（《南雷余集·怪说》）

读此，可以知道他奔走国难所经历的艰苦何如了。明统既绝，他才绝意国事，奉母乡居，从事著述。其后

设"证人讲会"于浙东，从游者日众。"证人"者，以
蕺山所著书名其会也。康熙十七年，诏征博学鸿儒，许
多人要荐他，他的门生陈锡嘏说："是将使先生为叠山
九灵之杀身也！"乃止。未几，开明史馆，清廷必欲罗
致他，下诏督抚以礼敦聘，他力辞不往，乃由督抚就他
家中将他的著述关于史事者抄送馆中，又聘他的儿子百
家、他的门生万斯同入馆备顾问。他晚年在他父亲墓旁
自营生圹，中置石床，不用棺椁。子弟疑之，他作《葬
制或问》一篇，援赵邠卿、陈希夷例，戒身后无得违
命。他所以如此者，据全谢山说是"身遭国变，期于速
朽"，但或者是他关于人生问题一种特别见解，也未可
知。总之我们佩服梨洲，不仅在他的学问，而实在他的
人格。学者若要稍为详细地知道，请读全谢山的《梨洲
先生神道碑铭》（《鲒埼亭集》卷十一）。

　　梨洲的父亲被逮入狱时，告诉他一句话，"学者最
要紧是通知史事，可读《献征录》"。所以梨洲自少时
即致力史学。他家里藏书本甚多，同乡钮氏世学楼、祁
氏澹生堂、范氏天一阁的书，都到处借抄借读，所以他
记诵极博，各门学问都有所探索。他少年便从刘蕺山受
学，终身奉为依归，所以清初王学，不能不认他为嫡
派。全谢山总论梨洲学术曰：

公谓："明人讲学，袭语录之糟粕，不以六经为根底，束书而从事于游谈。故受业者必先穷经。经术所以经世，方不为迂儒之学。故兼令读史。"又谓："读书不多，无以证斯理之变化，多而不求于心，则为俗学。"故凡受公之教者，不堕讲学之流弊。公以濂洛之统，综会诸家，横渠之礼教，康节之数学，东莱之文献，艮斋、止斋之经制，水心之文章，莫不旁推交通，连珠合璧。自来儒林所未有也。

陈悔庐汝咸说：

梨洲黄子之教人，颇泛滥诸家，然其意在乎博学详说以集其成。而其究归于蕺山慎独之旨，乍听之似驳，而实未尝不醇。（全谢山《大理陈公神道碑铭》）

这两段话对于梨洲学风，说得最为明白。谢山虽极其崇拜梨洲，然亦不阿其所好。他说：

先生之不免余议者则有二：其一，则党人之习气未尽，盖少年即入社会，门户之见，深入而不可猝去……其一，则文人之习气未尽，不免以正谊明道之余技，犹留连于枝叶。（《鲒埼亭集·答诸生

问南雷学术帖子》）

这段话把梨洲的短处，也说得公平。总之梨洲纯是一位过渡人物，他有清代学者的精神，却不脱明代学者的面目。

梨洲之学，自然是以阳明为根底。但他对于阳明所谓"致良知"有一种新解释，他说：

> 先生致之于事物。致字即是行字，以救空空穷理，只在"知"上讨个分晓之非。乃后之学者，测度想象，求见本体，只在知识上立家当，以为良知。则先生何不仍穷理格物之训，先知后行，而必欲自为一说耶？（《明儒学案》卷十《姚江学案》）

像他这样解释致良知——说致字即是行字，很有点像近世实验哲学的学风。你想认识路，只要往前行过，便自了然；关着门冥想路程，总是枉用功夫。所以他于对本体的测度想象，都认为无益。梨洲的见解如此，所以他一生无日不做事，无日不读书，独于静坐参悟一类工夫，绝不提倡。他这种解释，是否适合阳明本意，另为一问题，总之和王门所传有点不同了。所以我说梨洲不是王学的革命家，也不是王学的承继人，他是王学的修正者。

梨洲有一部怪书，名曰《明夷待访录》。

梁注：梨洲极自负他的《明夷待访录》。顾亭林亦极重之。亭林与梨洲书云"读《待访录》，知百王之敝可以复起"，其折服可谓至矣。今本篇目如下：《原君》《原臣》《原法》《置相》《学校》《取士上》《取士下》《建都》《方镇》《田制一》《田制二》《兵制一》《兵制二》《兵制三》《财计一》《财计二》……凡二十篇。唯据全谢山跋云："原本不止于此，以多嫌讳不尽出。"然者书尚非足本，很可惜。此书乾隆间入禁书类。光绪间我们一班朋友曾私印许多送人，作为宣传民主主义的工具。章太炎不喜欢梨洲，说这部书是向满洲上条陈，这是看错了。《待访录》成于康熙元、二年。当时遗老以顺治方殂，光复有日，梨洲正欲为代清而兴者说法耳。他送万季野北行诗，戒其勿上河汾太平之策，岂有自己想向清廷讨生活之理？

这部书是他的政治理想。从今日青年眼光看去，虽像平平无奇，但三百年前——卢骚《民约论》出世前之数十年，有这等议论，不能不算人类文化之一高贵产品。其开卷第一篇《原君》，从社会起源说起，先论君主之职务，次说道：

后之为人君者不然。以为天下利害之权皆出于我，我以天下之利尽归于己，以天下之害尽归于人，亦无不可。使天下人，不敢自私，不敢自利，以我之大私为天下之公，始而惭焉，久而安焉，视天下为莫大之产业，传之子孙，受享无穷。……此无他，古者以天下为主，君为客，凡君之所毕世而经营者，为天下也。今也以君为主，天下为客，凡天下之无地而得安宁者，为君也，是以其未得之也，屠毒天下之肝脑，离散天下之子女，以博我一人之产业，曾不惨然，曰："我固为子孙创业也。"其既得之也，敲剥天下之骨髓，离散天下之子女，以奉我一人之淫乐，视为当然，曰："此我产业之花息也。"然则为天下之大害者，君而已矣。……而小儒规规焉以君臣之义无所逃于天地之间，至桀、纣之暴，犹谓汤、武不当诛之。……岂天下之大，于兆人万姓之中，独私其一人一姓乎！

其《原法》篇云：

后之人主，既得天下，唯恐其祚命之不长也，子孙之不能保有也，思患于未然以为之法。然则其所谓法者，一家之法，而非天下之法也。……法愈密，而天下之乱即生于法之中，所谓非法之法也。……夫非法之法，前王不胜其利欲之私以创之，后王或不胜其利欲之私以坏之。坏之者固足以害天下，其创之者亦未始非害天下者也。……论者谓有治人无治法，吾以谓有治法而后有治人。

其《学校》篇说：

必使治天下之具皆出于学校，而后设学校之意始备。……天子之所是未必是，天子之所非未必非。天子亦遂不敢自为非是，而公其非是于学校。

像这类话，的确含有民主主义的精神，虽然很幼稚，对于三千年专制政治思想为极大胆的反抗。在三十年前，我们当学生时代，实为刺激青年最有力之兴奋剂。我自己的政治运动，可以说是受这部书的影响最早而最深。此外书中各篇，如《田制》《兵制》《财计》等，虽多半对当时立论，但亦有许多警拔之说。如主张迁都南京，主张变通推广"卫所屯田"之法，使民能耕而皆有田可耕；主张废止金银货币，此类议论，虽在今日或将来，依然有相当的价值。

梨洲学问影响后来最大者，在他的史学。现行的

《明史》，大半是万季野稿本；而季野之史学，实传自梨洲。梨洲替季野作《历代史表序》，其末段云：

> 嗟乎！元之亡也，危素趋报恩寺，将入井中，僧大梓云："国史非公莫知，公死是死国之史也。"素是以不死，后修《元史》，不闻素有一辞之赞。及明之亡，朝之任史事者众矣，顾独藉一草野之万季野以留之，不亦可慨也夫！（《南雷文约》卷四）

前明遗献，大率皆惓惓于国史。梨洲这段话，足见其感慨之深。他虽不应明史馆之聘，然馆员都是他的后学，每有疑难问题，都咨询他取决。《历志》则求他审正后才算定稿，《地理志》则大半采用他所著《今水经》原文，其余史料经他鉴别的甚多。全作《神道碑铭》，缕举多条他关于史学的著述，有重修《宋史》，未成书；有《明史案》二百四十卷，已佚；有《行朝录》八种：一、《隆武纪年》，二、《赣州失事记》，三、《绍武争立纪》，四、《鲁纪年》，五、《舟山兴废》，六、《日本乞师纪》，七、《四明山寨纪》，八、《永历纪年》。其余如《赐姓本末》（记郑成功事）《海外恸哭记》《思旧录》等，今尚存，都是南明极重要史料。而其在学术上千古不磨的功绩，尤在两部学案。

中国有完善的学术史，自梨洲之著学案始。《明儒学案》六十二卷，梨洲一手著成。《宋元学案》，则梨洲发凡起例，仅成十七卷而卒，经他的儿子耒史（百家）及全谢山两次补续而成。所以欲知梨洲面目，当从《明儒学案》求之。

著学术史有四个必要的条件：第一，叙一个时代的学术，须把那时代重要各学派全数网罗，不可以爱憎为去取。第二，叙某家学说，须将其特点提挈出来，令读者有很明晰的观念。第三，要忠实传写各家真相，勿以主观上下其手。第四，要把各人的时代和他一生经历大概叙述，看出那人的全人格。梨洲的《明儒学案》，总算具备这四个条件。那书卷首有"发凡"八条，说：

> 此编所列，有一偏之见，有相反之论。学者于其不同处，正宜着眼理会。……以水济水，岂是学问！

他这书以阳明学派为中坚。因为当时时代精神焦点所在，应该如此。但他对于阳明以外各学派，各还他相当位置，并不抹杀，正合第一条件。他又说：

大凡学有宗旨，是其人之得力处，亦是学者之入门处。……讲学而无宗旨，即有嘉言，是无头绪之乱丝也。学者而不能得其人之宗旨，即读其书，亦犹张骞初至大夏，不能得月氏要领也。……每见抄先儒语录者，荟撮数条，不知去取之意谓何。其人一生之精神未尝透露，如何见其学术？

我们读《明儒学案》，每读完一案，便觉得这个人的面目活现纸上。梨洲自己说皆从各人全集纂要钩玄，可见他用功甚苦。但我们所尤佩服者，在他有眼光能纂钩得出，这是合第二个条件。梨洲之前，有位周海门曾著《圣学宗传》一书，他的范围形式都和《明儒学案》差不多。梨洲批评他道："是海门一人之宗旨，非各家之宗旨。"梨洲这部书，虽有许多地方自下批评，但他仅在批评里头表示梨洲自己意见，至于正文的叙述却极忠实，从不肯拿别人的话作自己注脚，这是合第三个条件。他在每案之前，各做一篇极翔实的小传，把这个人的时代、经历、师友渊源详细说明，令读者能把这个人的人格捉摸到手，这是合第四个条件。所以《明儒学案》这部书，我认为是极有价值的创作，将来做哲学史、科学史、文学史的人，对于他的组织虽有许多应改良之处，对于他的方法和精神是永远应采用的。

梁注：唐鉴著《国朝学案小识》訾议梨洲，谓其以陈（白沙）、王（阳明）与薛（敬轩）、胡（敬斋）平列为不识道统，可谓偏陋已极。无论道统之说我们根本不能承认，试思明代学术，舍陈、王外更有何物？梨洲尊陈、王而不废薛、胡，还算公道，岂有专取薛、胡而弃陈、王之理！

此外梨洲之重要著作，如《易学象数论》六卷，为辩河洛方位图说之非，为后来胡朏明（渭）《易图明辨》的先导。如《授书随笔》一卷，则阎百诗（若璩）问《尚书》而作此告之，实百诗《古文尚书疏证》的先导。这两部书都于清代经学极有关系。他又最喜历算之学，著有《授时历注》《大统历推法》《故授时历假如》《西历假如》《回回历假如》《勾股图说》《开方命算》《割圜八线解》《测圜要义》等书，皆在梅定九（文鼎）以前，多所发明。其遗文则有《南雷文定》，凡五集，晚年又自删定为《南雷文约》四卷。又尝辑明代三百年之文为《明文海》四百八十二卷，又续辑《宋文鉴》《元文钞》，皆未成。

他的兄弟宗炎，字晦木，倜傥权奇过梨洲，尝以奔走国事为清吏所捕，梨洲集壮士以计篡取之。著有《忧患学易》一书，考证《太极图》出自道士陈抟。其书今佚。梨洲子耒史，能传家学，续辑学案，又从梅定九学算，有著书。

梨洲弟子最著者万充宗（斯大）、万季野（斯同）兄弟，别见次讲。

阳明、蕺山、梨洲，皆浙东人。所以王学入到清代，各处都渐渐衰息，唯浙东的流风余韵，还传衍得很长。阳明同县（余姚）人著籍弟子最显者，曰徐曰仁（爱）、钱绪山（德洪）。明清之交名其学者，则梨洲与沈求如（国模）。求如亲受业绪山，年辈在梨洲上，国变时已八十余岁了。他的学风和梨洲不同，全然属于周海门（汝登）一派，几与禅宗无异。梨洲少年时，曾极力和他抗辩。余姚之姚江书院，实求如所创。求如弟子最著者曰韩遗（孔当）、邵鲁公（曾可），相继主讲姚江书院。而梨洲则倡证人学会。故康熙初年浙东王学，略成沈、黄两派对峙的形势。鲁公之孙邵念鲁（廷采）受业韩孔当，又从梨洲学算。念鲁继主姚江讲座最久，两派始归于一。时清圣祖提倡程朱学，孙承泽、熊锡履辈揣摩风气，专以诋毁阳明为事，念鲁常侃侃与抗不稍慑，著有《阳明王子传》《蕺山刘子传》《王门弟子传》《刘门弟子传》《宋遗民所知录》《明遗民所知录》《姚江书院志略》《东南纪事》、记南明闽浙事《西南纪事》、记南明滇桂事《思复堂文集》等书。盖阳明同里后辈能昌其学者，以念鲁为殿，其兼擅史学，则梨洲之教也。念鲁族孙二云（晋涵），为乾嘉间小学名家，亦邃于史。而鄞县全谢山（祖望）与二云最交亲，同为浙学后劲，下方更专篇论之。

阳明虽浙人，而在赣服官讲学最久，故当时门下以江右为最盛。其后中绝殆将百年了，及康熙末而有临川李穆堂（绂）出。乾隆十五年卒，年七十八。穆堂并未尝以讲学自居，然其气象俊伟，纯从王学得来。他历仕康、雍、乾三朝，内而卿贰，外而督抚，皆经屡任。他办事极风烈而又条理缜密，但赋性伉直，常触忤权贵，所以一生风波极多。暮年卒以锢废终，而其气不稍挫。全谢山所作《临川李公神道碑铭》说：

公以博闻强识之学，朝章国故，如肉贯串，抵掌而谈，如决溃堤而东注。不学之徒，已望风不敢前席，而公扬休山立，左顾右盼，千人皆废，未尝肯少接以温言。故不特同事者恶之，即班行中亦多畏之。尝有中州一巨公，自负能昌明朱子之学，一日谓公曰："陆氏之学，非不岸然，特返之吾心，兀兀多未安者，以是知其于圣人之道未合也。"公曰："君方总督仓场而进美余，不知于心安否？是在陆门，五尺童子且唾之矣！"其人失色而去，终身不复与公接。……世方以闭眉合眼、喔咿嚅唲，

伺察庙堂意旨随声附和，是为不传之秘，则公之道宜其所往辄穷也。（《鲒埼亭集》卷十七）

凡豪杰之士，往往反抗时代潮流，终身挫折而不悔，若一味揣风摩气，随人毁誉，还有什么学问的独立？明末王学全盛时，依附王学的人，我们很觉得可厌。清康雍间，王学为众矢之的，有毅然以王学自任者，我们却不能不崇拜到极地。并非有意立异，实则个人品格，要在这种地方才看出来。清代"朱学者流"——所谓以名臣兼名儒者，从我们眼中看来，真是一文不值。据我个人的批评，敢说清代理学家，陆王学派还有人物，程朱学派绝无人物。李穆堂却算是陆王派之最后一人了。他所著书有《穆堂类稿》五十卷，《续稿》五十卷，《别稿》五十卷，《春秋一是》二十卷，《陆子学谱》二十卷，《阳明学录》若干卷。除《类稿》外今不传。

邵念鲁、全谢山结浙中王学之局，李穆堂结江右王学之局。这个伟大学派，自此以后，便仅成为历史上名词了。

王阳明年表

成化八年（1472），一岁。

九月三十日丁亥生。其母郑氏怀胎十四月始生守仁。生时其祖母岑氏梦神人衣绯于云中鼓吹送儿，岑氏惊醒，已闻啼声。其祖父王伦（1421—1490，字天叙）异之，遂为其起名"王云"。乡人传其梦，指所生楼曰"瑞云楼"。

成化十二年（1476），五岁。

五岁不言。一日与群儿嬉戏，有神僧过之曰："好个孩儿，可惜道破。"王伦悟，乃更其名为"守仁"，随即能言。一日诵王伦所尝读过书。王伦讶问之。答："闻祖读时已默记矣。"

成化十四年（1478），七岁。

居余姚，沉迷于中国象棋。母亲反对，震怒后把象棋扔进河中，因作《哭象棋》诗。

"象棋在手乐悠悠，苦被严亲一旦丢。兵卒堕河皆不救，将军溺水一齐休。马行千里随波去，士入三川逐浪流。炮响一声天地震，象若心头为人揪。"

成化十七年（1481），十岁。

居余姚。其父王华中状元，入京师。

成化十八年（1482），十一岁。

王华迎养王伦入京，因携王守仁入京师。途经金山寺，王守仁赋诗《过金山寺》和《蔽月山房》。

曰："金山一点大如拳，打破维扬水底天。醉倚纱高台上月，玉箫吹彻洞龙眠。"

曰："山近月远觉月小，便道此山大于月。若人有眼大如天，还见山小月更阔。"

成化十九年（1483），十二岁。

就塾师，豪迈不羁。王华常怀忧，惟祖王伦知之。

一日，与同学生走长安街，遇一相士。异之曰："吾为尔相，后须忆吾言：须拂领，其时入圣境；须至上丹台，其时结圣胎；须至下丹田，其时圣果圆。"

王守仁感其言，自后每对书辄静坐凝思。曾问塾师曰："何为第一等事？"塾师曰："惟读书登第耳。"
王守仁疑问："登第恐未为第一等事，或读书学圣贤
耳。"王华闻之笑曰："汝欲做圣贤耶？"

成化二十年（1484），十三岁。

母郑氏去世，居丧哭泣甚哀。为母守孝三年。

成化二十二年（1486），十五岁。

居京师。出游居庸三关，慨然有经略四方之志。经
月始返。一日，梦谒伏波将军马援庙。赋诗曰："卷甲
归来马伏波，早年兵法鬓毛皤。云埋铜柱雷轰折，六字
题文尚不磨。"时有作乱者，王守仁屡欲为书献于朝。
王华斥之为狂，乃止。

弘治元年（1488），十七岁。

七月，与诸氏完婚于江西洪都（今南昌）。诸氏名
"芸"，浙江余姚人，父诸养和时任江西布政使参议。
新婚之日偶入铁柱宫，遇道士端坐一榻，相对而坐忘
归。次早始还。所居官署中蓄纸数箱，王守仁日取学
书，及至走时，数箱皆空，书法大进。

弘治二年（1489），十八岁。

始慕孔门之学。十二月，携夫人归余姚，舟至广信（今江西上饶），拜谒理学大儒娄谅（号一斋），语宋儒格物之学，谓"圣人必可学而至"。

弘治三年（1490），十九岁。

王华以父丧丁忧归余姚，命从弟冕、阶、宫及妹婿牧，相与王守仁讲析经义。王守仁日随众人课业，夜晚搜取诸经子史读之，多至夜分。四人见其文字日进，尝愧不及，后知之曰："彼已游心举业外矣，吾何及也！"王守仁接人平易善谑，一日悔之，遂端坐省言。四子未信，王守仁正色曰："吾昔放逸，今知过矣。"自后四子亦渐敛容。

弘治五年（1492），二十一岁。

秋闱，举浙江乡试。与孙燧和胡世宁同举。父王华丁忧期满，回京复命。是年为宋儒格物之学。始侍王华于京师，遍求考亭（朱熹）遗书读之。一日思先儒谓"众物必有表里精粗，一草一木，皆涵至理"，官署中多竹，即取竹格之；沉思其理不得，遂遇疾。自委圣贤有分，乃随世就辞章之学。

弘治六年（1493），二十二岁。

寓京师，春闱，会试不第。首辅李东阳戏曰："汝来科必为状元，试作《来科状元赋》。"王守仁悬笔立就。诸老惊曰："天才！天才！"

有忌者曰："此子取上第，目中无我辈矣。"及丙辰会试，果为忌者所抑。同舍有以不第为耻者，王守仁慰之曰："世以不得第为耻，吾以不得第动心为耻。"识者服之。归余姚，结诗社龙泉山寺。

弘治八年（1495），二十四岁。

王家迁至山阴（今浙江绍兴越城区王衙弄19号），余姚老宅由钱氏居住。

弘治九年（1496），二十五岁。

京师。春闱，为忌者所抑，会试再不第。

弘治十年（1497），二十六岁。

寓京师，时边关甚急。朝廷推举将才，莫不遑遽。王守仁念武举之设，仅得骑射搏击之士，而不能收韬略统驭之才。于是留情武事，凡兵家秘书，莫不精究。每遇宾宴，尝聚果核列阵势为戏。

弘治十一年（1498），二十七岁。

寓京师。是年谈养生。自念辞章艺能不足以通至道，求师友于天下又不数遇，心持惶惑。一日读晦翁上宋光宗疏，有曰："居敬持志，为读书之本，循序致精，为读书之法。"乃悔前日探讨虽博，而未尝循序以致精，宜无所得；又循其序，思得渐渍洽浃，然物理吾心终若判而为二也。沉郁既久，旧疾复作，益委圣贤有分。偶闻道士谈养生，遂有遗世入山之意。

弘治十二年（1499），二十八岁。

在京师。年春会试。中第二名。赐二甲进士出身第七，观政工部。疏陈边务。秋，钦差督造威宁伯王越墓，竣工，威宁伯以金帛谢，不受；出宝剑赠，适与尝所梦相符，遂受之。时有星变，朝廷下诏求言，及闻鞑虏虔猖獗，王守仁复命上《边务八事》，言极恳切。

弘治十三年（1500），二十九岁。

在京师，授刑部云南清吏司主事。

弘治十四年（1501），三十岁。

奉命审决江北积案，平反多囚。事竣，游九华山，出入诸寺观，著《九华山赋》。

弘治十五年（1502），三十一岁。

渐悟佛老二氏之非。五月复命，京中旧游俱以才名相驰骋，学古诗文。王守仁叹曰："吾焉能以有限精神为无用之虚文也！"遂于八月告病归越，筑室阳明洞中，行导引术，自号"阳明子"。久之，遂先知。

弘治十六年（1503），三十二岁。

寓杭州西湖养病。复思出仕。往来于南屏、虎跑诸寺。

有一禅僧坐关三年，不语不视，王守仁喝之曰："这和尚终日口巴巴说甚么！终日眼睁睁看甚么！"僧惊起，即开视对语。守仁问其家人。对曰："有母在。"曰："起念否？"对曰："不能不起。"即以爱亲为人之本性告之，僧涕泣谢。明日问之，僧已去矣。

弘治十七年（1504），三十三岁。

在京师。秋，主考山东乡试，试录皆出手笔。拜谒孔庙，登泰山。九月改兵部武选清吏司主事（正六品）。

弘治十八年（1505），三十四岁。

在京师。是年授徒讲学，使人先立必为圣人之志。

甘泉湛若水时为翰林庶吉士，一见定交，共以倡明圣学为事。

正德元年（1506），三十五岁。

在京师。时武宗初政，刘瑾擅权，二月，王守仁为南京言官戴铣上疏。亦下诏狱。受廷杖四十，被贬为贵州龙场驿驿丞。其父王华亦调为南京吏部尚书。

正德二年（1507），三十六岁。

赴谪至杭州，刘瑾遣人随侦，托言投江逃脱。随商船游舟山，偶遇飓风大作，一日夜至福建境内。由武夷山，回越城。十二月返钱塘，赴龙场驿。徐爱始有志于学，与蔡宗兖、朱节同举。作《别三子序》以赠之。

正德三年（1508），三十七岁。

始悟格物致知。春，至贵州龙场，途中收多名弟子。龙场万山丛薄，苗、僚杂居，环境恶劣，王守仁因俗化导，夷人皆拜服。

时刘瑾未除，自计得失荣辱皆能超脱，惟生死一念尚觉未化，乃做一石墩，日夜端居澄默，以求静一。忽于一日，半夜大悟格物致知之旨，不觉跳跃高呼，从者皆惊。始知圣人之道，吾性自足，向之求理于事物者误也。史称"龙场悟道"。

正德四年（1509），三十八岁。

在贵阳。始论知行合一。受提学副使席书聘，主讲于文明书院，席书身率贵阳诸生，以师礼事之。

正德五年（1510），三十九岁。

刘瑾伏诛，升江西庐陵知县。三月，至庐陵，为政不事威刑，惟以开导人心为本，由是风气日清。辟街巷，绝横征，立保甲，清驿递，其制数十年仍沿用。归过常德、辰州等地，见门人冀元亨、蒋信、刘观时辈俱能卓立，甚喜。教人静坐功夫。十一月，入京面圣。十二月升南京刑部四川清吏司主事。

正德六年（1511），四十岁。

在京师。正月调吏部验封清吏司主事。二月为会试同考官。十月升文选清吏司员外郎。是年其同事方献夫受学。送湛若水奉使安南，惧圣学难明而易惑，人生别易而会难，为文以赠。

正德七年（1512），四十一岁。

在京师。三月，升考功清吏司郎中。十二月，升南京太仆寺少卿，便道归家省亲。

按《同志考》，是年穆孔晖、顾应祥、郑一初、方献科、王道、梁谷、万潮、陈鼎、唐鹏、路迎、孙瑚、魏廷霖、萧鸣凤、林达、陈洸及黄绾、应良、朱节、蔡宗兖、徐爱同受业。

与徐爱同舟归越，论《大学》宗旨，即今《传习录》首卷也。

正德八年（1513），四十二岁。

二月，至越。五月，与徐爱等数友游浙东。冬十月，至滁州，督马政。滁州山水佳胜，地僻官闲，日与门人游琅琊、瀼泉间。新旧学生，大集于此。坐者数百人，歌声振山谷。

正德九年（1514），四十三岁。

四月，升南京鸿胪寺卿。五月，至南京。众弟子同聚师门，日夕研习。王守仁曰："吾近年来欲惩治末俗之卑污，引接学者多就高明一路，以救时弊。今见学者渐有流入空虚，为脱落新奇之论，吾已悔之矣。故今后在南京论学，只教学者存天理，去人欲，为省察克治实功。"

正德十年（1515），四十四岁。

在京师。正月，上疏辞职，不允。是年当两京考察，例上疏。立从子正宪为嗣。正宪字仲肃，其叔父王衮之孙，堂弟王守信第五子，时年八龄。八月，拟《谏迎佛疏》，欲谏，后中止。疏请辞职。是年祖母岑太夫人年九十有六，王守仁思乞恩归一见为诀，疏凡再上矣，故辞甚恳切。

正德十一年（1516），四十五岁。

在南京。九月，尚书王琼特举王守仁升都察院左佥都御史，巡抚南、赣、汀、漳等处，清剿巨寇。十月，归省至越。

正德十二年（1517），四十六岁。

正月，至江西。正月十六日开府。行十家牌法，选民兵。二月，平漳寇。荡灭诸洞。仅三月，漳南数十年逋寇悉平。四月，班师，驻军上杭，求雨于行台，得雨。五月，立兵符。奏设平和县，移枋头巡检司。六月，疏请疏通盐法。九月，改授提督南、赣、汀、漳等处军务，给旗牌，得便宜行事。抚谕贼巢。朝廷以平漳寇功升一级，赏银二十两，纻丝二表里，降敕奖励，上谢疏。疏处南、赣商税。十月，平横水、桶冈诸寇。

十二月，班师。师至南康，百姓沿途顶香迎拜。所经州、县、隘、所，各立生祠。远乡之民，供肖像于祖堂，岁时尸祝。闰十二月，奏设崇义县治，及茶寮隘上堡、铅厂、长龙三巡检司。议上，悉从之，县名崇义。

正德十三年（1518），四十七岁。

正月，征三浰，三月上疏乞辞官，不允。袭平大帽、浰头诸寇。四月，班师，立社学。五月，奏设广东和平县。始平四省暴乱。六月，升都察院右副都御史，荫子锦衣卫，世袭百户。辞免，不允。徒徐爱卒，为之恸哭。七月，刻古本《大学》，发明《大学》本旨，指示入道之方。刻《朱子晚年定论》。八月，门人薛侃刻徐爱所遗《传习录》。九月，修濂溪书院，四方学者云集于此。十月，举乡约。十有一月，再请疏通盐法。

正德十四年（1519），四十八岁。

正月，以三浰、九连功荫子锦衣卫，世袭副千户。上疏辞免，不允。祖母岑氏病危，疏乞辞官，不允。六月，奉敕勘处福建叛军，十五日，至丰城，闻宁王朱宸濠于南昌反叛作乱，遂返吉安，起义兵。十九日，疏上变。叛党方盛，恐中途有阻。二十一日，再上告变。梳乞顺路归家省亲治丧，不允。

二十二日，疏上伪檄。七月十三日，发兵吉安。十五日，大会于樟树。十八日，誓师。十九日，次市汊。二十日，克南昌。二十四日，于黄家渡大败回援叛军。二十六日，以火攻叛军，焚溺而死者三万余人，宁王宸濠与其世子眷属，及李士实、刘养正、王纶等皆被擒。四十三日即平定宁王之乱。交战时，与士友论学不辍，神色自若。旁观者皆服其学。

八月，疏谏亲征。再乞顺路归家省亲治丧，不允。武宗南下，宦官张忠、武将许泰等群小先至，欲抢功悦君。九月，再疏乞顺路归家省亲治丧，不允，甚悲。九月壬寅，献俘杭州，称病留西湖净慈寺。奉敕兼巡抚江西。十一月，返江西。

正德十五年（1520），四十九岁。

在江西。正月，赴召次芜湖。寻得旨，返江西。二月，入九江。是月，还南昌。三月，请宽租。三疏归家省亲治丧，不允。五月，江西大水，疏自劾。六月，如赣。七月，重上江西捷音。八月，咨部院雪冀元亨冤状。闰八月，四疏归家省亲治丧，不允。九月，还南昌。泰州王银投其门下，王守仁改其名为"艮"，字汝止。艮后创泰州学派。

正德十六年（1521），五十岁。

正月，居南昌。始揭"致良知"之教。录陆象山子孙。五月，集门人于白鹿洞。六月，受皇帝召见，寻止，升南京兵部尚书，参赞机务。遂疏乞顺路归家省亲治丧。八月，至越。九月，归余姚省祖茔。收钱德洪入门下。十二月，封新建伯，奉天翊卫推诚宣力守正文臣，特进光禄大夫柱国，还兼两京兵部尚书，照旧参赞机务，岁支禄米一千石，三代并妻一体追封，给与诰卷，子孙世世承袭。归越城为父王华祝寿。

嘉靖元年（1522），五十一岁。

居绍兴。正月，疏辞封爵，二月，其父王华仙逝，年七十六。丁忧。七月，再疏辞封爵。首辅杨廷和倡议禁遏王学。弟子陆澄时为刑部主事，上疏欲辩。王守仁闻而止之。

嘉靖二年（1523），五十二岁。

在绍兴。来从学者日众。九月，改葬父王华于天柱峰。母郑氏于徐山。十一月，至萧山。

嘉靖三年（1524），五十三岁。

在绍兴。门人日进。四月，服阕，朝中屡疏引荐。

是时大礼议起，霍韬、席书、黄绾、黄宗明先后皆以大礼问，不答。八月，宴门人于天泉桥。十月，门人南大吉续刻《传习录》。

嘉靖四年（1525），五十四岁。

在绍兴。夫人诸芸卒。四月，葬于徐山。六月，礼部尚书席书荐入阁，未果。九月，归余姚省祖茔，会门人于龙泉山中天阁，定每月讲课中天阁。十月，建阳明书院于越城。

嘉靖五年（1526），五十五岁。

在绍兴。十一月庚申，继室张氏生子正聪（七年后，舅黄绾为避讳，改名正亿）。十二月，作《惜阴说》。

嘉靖六年（1527），五十六岁。

在绍兴。四月，邹守益刻《文录》于广德州（在今安徽宣城）。五月，命兼都察院左都御史，平广西思田之乱。六月，上疏辞职，不允。九月壬午，自越中出发。出行前夜，门人钱德洪与王畿请问为学宗旨，于天泉桥上授四句宗旨："无善无恶是心之体，有善有恶是意之动，知善知恶是良知，为善去恶是格物。"是谓

"天泉证道"。

十月，至南昌。十一月，至广东肇庆。乙未，至广西梧州，开府议事，上谢恩疏。十二月，命兼理巡抚两广，上疏辞职，不允。

嘉靖七年（1528），五十七岁。

在梧州。二月平定思、田之乱。四月，议迁都台于田州，不果。兴思、田学校。五月，抚恤新民。六月，兴南宁学校。七月，袭八寨、断藤峡，破之。九月，上疏谢奖赏。十月，因病情加重，上疏请求辞职回乡，疏入，未报。十一月，启程返家，十一月二十五日，逾梅岭至南安（在今江西赣州）。门人周积赶至迎医奉药。二十八日晚船泊岸边，问："何地？"侍者曰："青龙铺。"二十九日辰时，王守仁召周积。久之，开目视曰："吾去矣！"周积泣下，问："何遗言？"王守仁微笑曰："此心光明，亦复何言？"不久，闭目而逝。十二月三日，门人张思聪与官属师生设祭入棺。

嘉靖八年（1529）。

正月，丧发南昌。丧过江西，军民无不缟素哭送者。十一月，葬于洪溪。

隆庆元年（1567）。

诏赠新建侯，谥文成。

万历十二年（1584）。

从祀于孔庙，奉祀孔庙东庑第五十八位。